高速铁路对城市经济增长及地位的影响

孟雪辰 著

上海大学出版社
·上海·

图书在版编目(CIP)数据

高速铁路对城市经济增长及地位的影响 / 孟雪辰著.
上海：上海大学出版社，2024.12. -- ISBN 978-7
-5671-5160-4
Ⅰ．F299.2
中国国家版本馆 CIP 数据核字第 2025SL0470 号

责任编辑　王　聪
封面设计　倪天辰
技术编辑　金　鑫　钱宇坤

高速铁路对城市经济增长及地位的影响
孟雪辰　著
上海大学出版社出版发行
(上海市上大路 99 号　邮政编码 200444)
(https://www.shupress.cn　发行热线 021 - 66135112)
出版人　余　洋
*
南京展望文化发展有限公司排版
上海华业装潢印刷厂有限公司印刷　各地新华书店经销
开本 710mm×1000mm　1/16　印张 13.75　字数 224 千
2025 年 1 月第 1 版　2025 年 1 月第 1 次印刷
ISBN 978 - 7 - 5671 - 5160 - 4/F・255　定价　88.00 元

版权所有　侵权必究
如发现本书有印装质量问题请与印刷厂质量科联系
联系电话：021 - 56475919

前　言

近十几年来，中国高速铁路快速发展，截至2023年年底，高速铁路运营里程已达到4.5万公里，成为中国交通设施现代化的重要标志之一。高速铁路快速发展，缩短出行时间，加强城市之间的经济联系，对促进区域经济发展，发挥了重要作用。目前运行的高速铁路，主要是客运列车，不运输货物，显然不同于其他运输方式，对已有的理论提出了挑战。无论是古典区位论、新古典区位论，还是新经济地理学，对运输方式与城市或区域经济之间关系的理论解释，均建立在货物运输费用或"冰山成本"的基础上。"运人不运货"的高速铁路，如何影响城市经济增长以及对不同的城市会产生怎样的影响，均成为重要的研究课题。本书从高速铁路通达性特征分析入手，在综合交通经济学、区域经济学、城市经济学、产业经济学的基础之上，立足于高速铁路"运人不运货"的运输特点，借鉴新经济地理学中的核心边缘模型和自由企业家模型，引入"时间成本"范畴，构建高速铁路影响城市经济增长及其区域经济地位的理论机制，分别从高速铁路影响异质性城市经济增长及邻近效应、城市价值链位置以及城市群网络中心性三个方面进行实证研究。考察视角有两个方面：一是高速铁路与城市经济增长的关系问题；二是高速铁路与城市地位的关系问题。具体而言：首先，高速铁路与城市经济增长之间的关系具有什么特征？是有利于城市之间均衡发展还是加大城市之间的差距？其内在作用机制是什么？其次，高速铁路的开通是否有利于城市群内城市层级体系的改变？是否存在城市群边界的拓展效应？其内在机制是什么？

本书共七章，各章的基本内容安排如下：

第一章，对高速铁路基本概况进行介绍，梳理高速铁路发展现状、供求理论以及通达性特征。

第二章，文献综述。从古典经济学出发，梳理古典区位论、新古典区位论、新经济地理学以及新经济地理学有关交通与城市经济活动关系的理论，论述了交通基础设施对城市经济活动的作用。

第三章，基于新经济地理学的理论模型构建。在分析高速铁路带来通达性变化的基础上，引入高速铁路的时间效应，构建高速铁路如何通过引起时间效应从而引起的城市经济增长效应、城市联系效应与城市分工效应。

第四章，论述高速铁路对异质性城市经济增长的影响及其距离衰减效应。利用 2006—2014 年全国县、市、旗级层面数据，采用双重差分方法，结合 ArcGIS 构建高速铁路站点范围内的缓冲区，利用缓冲区分析的方法，测算高速铁路溢出的具体范围，并实证分析高速铁路对城市经济产出影响在不同范围内的不同效应。

第五章，论述高速铁路对于城市所处价值链位置的影响。通过编写非竞争性投入产出表，借鉴全球价值链的估计方法，测算企业在全国国内价值链的位置，并利用全国县、市、旗级层面数据，采用双重差分方法，研究高速铁路对城市所处价值链位置的影响。

第六章，论述高速铁路对城市群网络中心性的影响。以城市开放性为假设前提，根据各个城镇经济质量和城镇之间的"乳牛距离"（Cow Distance），测算全国县级及以上城镇的城市腹地，并据此重新划分了覆盖全国所有县级及以上城镇的 31 个城市群。结合 ArcGIS OD 成本矩阵分析，测出城市每年最短交通时间距离，并以此计算城市基于经济联系的中心性。本研究采用双重差分方法，验证高速铁路对城市群网络中心性的影响。

第七章，对全书内容进行总结，指出研究不足及政策建议。

本书提出的主要研究结论如下：

一是探讨了高速铁路影响城市经济活动的理论机制。高速铁路对城市通达性变化的影响主要是由于高速铁路开通所带来的时间成本减少，并以高速铁路带来时间成本变化为切入点，分别构建了引入时间成本的核心边缘模型，引入时间成本的自由企业家模型，突破了传统区位论、新经济地理学在解释高速铁路影响区域经济上的局限性。

二是实证研究了高速铁路对异质性城市经济增长的影响及其邻近效应。得出如下结论：第一，高速铁路对设站周边城市经济增长具有明显的邻近效应。距离站点 30—110 公里以内的非站点地区，经济增长水平显著低于大于 110 公里的非站点地区。第二，高速铁路邻近效应具有异质性。对于常住人口 20 万—50 万人之间的城镇，存在负向作用，高速铁路促进城市经济增长主要由于对周边常住人口城镇的邻近效应。高速铁路的邻近效应对于周边人口大于 50 万人的城市，存在正向作用，高速铁路带来的邻近效应加强了与周边城市规模较大地区之间的联系，城市规模越大，负邻近效应越小。第三，高速铁路站点的邻近效应，是通过全要素生产率这一机制发挥作用。由于高速铁路设站带来城市分工与专业化的生产，带来设站城市生产率的促进效应。本书利用中国工业企业数据库，首次检验了高速铁路对生产率的影响效应，结果证明了本研究的理论假说，且验证了高速铁路对于城市全要素生产率处于中间阶段的地区促进效应更大。

三是实证研究了高速铁路对于城市所处价值链位置的影响。得出如下结论：第一，通过全部样本回归，高速铁路对于城市价值链地位具有正向影响。第二，通过价值链位置的分样本回归，对于价值链位置的分位数大于 50% 的城市具有正向的促进作用，对分位数小于 50% 的城市没有显著影响。第三，高速铁路对城市价值链位置的影响，中心城市大于非中心城市，中心城市的价值链位置越高，高速铁路的正向作用越大。第四，按照不同规模城市样本回归，市场规模越大，高速铁路对城市价值链位置提升得越快。第五，根据交叉项回归结果，处于价值链较高且城市规模较大的城市，高速铁路对其价值链提升的作用最强。

四是实证研究了高速铁路对城市群网络中心性的影响。得出以下结论：第一，通过全部样本回归，高速铁路对城市网络中心性具有显著的正向影响。第二，按照城镇中心性分样本回归，高速铁路对中心性越高的城镇，促进作用越强；反之则越弱。第三，无论是东部还是西部地区的城市群，高速铁路对城镇中心性具有显著正向影响，但西部地区城市群的正向作用大于东部地区。第四，是否拥有高速公路与是否拥有机场的城镇，高速铁路的促进作用更明显。第五，按照不同规模的城镇划分，对常住人口 50 万—100 万人的城镇，高速铁路对于城镇中心性的作用更大。第六，按照城镇综合的交通连通性划分，对中等以上交通连通性的城镇，高速铁路对中心性的促进作用更明显，连通性越高，则影响越大。第七，机制检验结果表明，高速铁路通过市场规模的扩大、产业结构的合理化与生产率的提升对城市群网络中心性产生正向作用。

本书具有重要的理论与实践意义：

一是从理论角度，全面地分析高速铁路对城市经济活动的影响。以新经济地理学理论为依据，分析高速铁路新型交通方式对城市之间经济增长、价值链地位和中心性的影响机制。突破古典区位论和新经济增长理论的理论框架的局限性，对高速铁路经济学研究具有一定的理论意义和实践应用价值。

二是从实践角度，有利于改善交通规划和政策。验证高速铁路对城市经济增长，城市所处价值链与城市群网络中心性是否有影响及影响的程度，有助于厘清哪些城市，特别是首次设站的中小城市，在开通高速铁路之后，城市经济有所增长，为完善高速铁路规划和布局提供实践参考价值。

三是从理论和实践角度，有利于优化城市经济空间布局。通过高速铁路对城市经济的机制研究，有助于厘清城市在开通高速铁路之后，通过什么途径获得城市经济的增长，对于具有相关优势的管理者更好地利用高速铁路这一政策工具，以独特功能参与区域产业分工，优化区域开发布局，加快城市产业转型升级和经济总量的扩张。

本书使用的主要研究方法如下：

一是文献分析法。总结新经济地理学、城市与区域经济发展领域，探讨有关交通基础设施对城市经济活动影响的文献。在总结前人研究的经验成果基础上，结合高速铁路发展特点，提炼视角。

二是归纳演绎法。使用古典区位论、新古典区位论、新经济地理理论以及新经济地理理论对交通基础设施与城市经济发展的理论研究进行归纳梳理，总结相关理论研究的不足，纳入时间成本，探讨高速铁路影响城市经济活动的理论机理。

三是实证研究法。基于全国2006—2014年全国县（市）层面数据，结合中国工业企业数据库、中国海关数据库进行实证研究。实证研究方法与技术主要包括双向固定效应分析、倾向得分匹配双重差分法、投入产出分析法、ArcGIS的缓冲区分析、ArcGIS的OD matrix矩阵方法。

本书的创新点与学术价值有以下三个方面：

第一，研究视角新。

一是从时间成本视角构建高速铁路影响城市经济增长及地位的理论机理。

无论是古典区位论、新古典区位论,还是新经济地理学,对运输方式与城市或区域经济之间关系的理论解释,均建立在货物运输费用或"冰山成本"的基础之上。对"运人不运货"的高速铁路,已有理论难以解释高速铁路如何影响城市经济。引入"时间成本"范畴,分别构建了引入时间成本的核心边缘模型、引入时间成本的自由企业家模型及引入时间成本的垂直联系模型,突破了传统区位论、新经济地理学在解释高速铁路影响区域经济上的局限性。

二是实证部分从高速铁路影响异质性城市经济增长、城市价值链位置以及城市群网络中心性三个视角,探讨高速铁路对城市经济增长及地位的影响。

第二,研究结论新。

一是实证分析高速铁路对不同范围城市经济增长的影响,认为高速铁路对设站周边城市经济增长具有明显的"邻近效应",且通过全要素生产率这一机制发挥作用。

二是实证分析高速铁路对城市价值链地位的影响,验证了高速铁路对城市价值链地位影响的正向作用。

三是实证分析高速铁路对城市群网络中心性的影响,认为高速铁路开通通过扩大城市的市场规模和提高城市知识溢出水平,带来城市网络中心性的提升。

第三,研究方法技术新。

一是使用 ArcGIS 构建高速铁路站点范围内的缓冲区,测算高速铁路空间溢出的具体范围。

二是使用中国海关数据库和工业企业数据库匹配得到的进口数据,编制了非竞争性投入产出表,并借鉴全球价值链的估计方法,测算了城市层面的国内价值链位置。

三是以城市开放性为假设前提,根据各个城市经济质量和城市之间的"乳牛距离"(Cow Distance),测算全国县级及以上城镇的城市腹地,并据此重新划分了覆盖全国所有县级及以上城市的 31 个城市群。

四是使用城市每年普通公路、高速公路、高速铁路最短时间距离,结合修正的经济联系引力模型,计算开通高速铁路前后每个建成区、县(市)的经济联系度,并计算出每个城市基于经济联系的中心性。

本书尚存不足之处,表现在以下两个方面:

第一,由于数据可得性,仅使用 2007 年与 2012 年的投入产出表,尽管能够反映城市产业之间的经济技术关系,且具有相对稳定性,但也可能存在一定的滞后性。今后可以使用更新的投入产出表进行进一步研究。

第二,由于假设高速铁路只用于客运而没有货运,过去经典的空间经济学包括传统区位论和新经济地理学均建立在货物运输的基础上,难以解释高速铁路对区域经济的影响,也只是从时间成本和知识信息溢出的角度考虑高速铁路的影响机制,更多的其他机制由于思考不成熟,未纳入本书的研究范畴。

目 录

第一章 高速铁路的概况 ·· 1
  第一节 高速铁路的发展现状 ································ 1
  第二节 高速铁路的特点 ····································· 2
  第三节 交通基础设施的供求理论 ···························· 4

第二章 文献综述 ·· 7
  第一节 关于运输成本与城市经济活动理论的相关研究 ········ 7
  第二节 交通基础设施对城市经济影响的相关研究 ············ 15
  第三节 高速铁路对于城市经济关系影响的相关研究 ·········· 19
  第三节 小结 ··· 23

第三章 理论模型的构建：高速铁路对城市经济活动的影响 ······· 25
  第一节 自由企业家模型 ···································· 25
  第二节 局部溢出模型 ····································· 30
  第三节 垂直联系模型 ····································· 31
  第四节 高速铁路对城市经济活动的影响机理 ················ 33
  第五节 小结 ··· 51

第四章 高速铁路对异质性城市经济增长的影响 ·················· 53
  第一节 引言 ··· 53
  第二节 影响机制和假说 ···································· 55

第三节　模型设定、指标体系选择及描述性统计 …………… 58
　　第四节　实证结果及分析 …………………………………… 66
　　第五节　小结 ………………………………………………… 82

第五章　高速铁路对城市价值链位置的影响 …………………… 84
　　第一节　引言 ………………………………………………… 84
　　第二节　理论机制与假说 …………………………………… 86
　　第三节　价值链位置的测算 ………………………………… 88
　　第四节　模型设定与变量的构建 …………………………… 94
　　第五节　实证结果 …………………………………………… 98
　　第六节　小结 ………………………………………………… 109

第六章　高速铁路对于城市群网络中心性的影响 ……………… 111
　　第一节　引言 ………………………………………………… 112
　　第二节　影响机制和假说 …………………………………… 114
　　第三节　基于中心城市腹地的城市群重新划分 …………… 116
　　第四节　计量分析方法、数据来源及分组描述 …………… 131
　　第五节　实证结果及分析 …………………………………… 135
　　第六节　小结 ………………………………………………… 150

第七章　结论与展望 ……………………………………………… 152

附表 ………………………………………………………………… 155

参考资料 …………………………………………………………… 179

后记 ………………………………………………………………… 208

第一章
高速铁路的概况

交通基础设施作为经济活动的重要地理空间组织,在推动经济发展方面发挥重要作用。高速铁路是20世纪后半叶以来交通运输发展最为著名的成果之一。自1964年日本东海道新干线开通运营以来,在夜间停运做线路养护的情况下,东京与新大阪之间日均客流量达30万人次,年运量稳定在1.2亿人次左右。加上后来几年陆续建成的山阳、东北、上越新干线,四条新干线共长1 900多公里,约占日本国铁(JR)铁路总里程的9%,完成了30%的铁路总旅客周转量,在经济和社会方面取得明显效益。20世纪60年代后期,法国、德国、意大利等国家陆续建成早期高速铁路。经过40余年发展,世界高速铁路基本形成了以日本新干线N700系与E5系、法国TGV和德国ICE为代表的列车技术系统。

第一节　高速铁路的发展现状

20世纪90年代以来,高速铁路建设在中国获得了极大重视。我国高速铁路建设方案于1990年进入决策层视野,直到90年代末才付诸实施。进入21世纪后,中国政府致力于推动高速铁路的研究与建设,我国高速铁路在短短几年间取得了迅猛发展,以中心城市为节点的高速铁路网络已初步建立,并逐步铺开。2016年,随着沪昆高速铁路全线贯通,快速发展的高速铁路已成为铁路客运的主力军。到2022年底,我国高速铁路运营里程达到4.2万公里,"八纵八横"的快速铁路网主骨架已具规模。高速铁路客流量从2008年的仅734万人次,爆发至2018年的20.5亿人次,跃居世界第二。京沪线、京广线以及东南沿海客运专线的周围已经集聚了大量的城市,相邻核心城市之间、核心城市与周边节点城市之间基本实现"1—2小时"通勤圈,沿线城市 GDP 的经济发展水平提升较快,创造了经济增长奇迹。

过去,人们习惯性地认为有了交通基础设施,经济就会发展。基于非均质空间的现实条件,道路规划部门在决定高速铁路路线走向时,采用了中心城市优先连通策略。随着地方政府在高速铁路线路选线上拥有更高的话语权,如何在高速铁路投资总量已处于较高水平的基础上,研究其对城市经济,特别是首次拥有铁路的县级城市以及站点周边中小城市的作用及传导机制,对于实现城市高质量发展具有重要的意义。

高速铁路发展初期,人们普遍认为高速铁路只是铁路行业内部高等级路网的铺设、高速列车装备的使用。然而,随着高速铁路引进、消化吸收以及再创新等技术路径取得重大成就,高速铁路网建设给我国产业结构升级、城市化进程加快及区域经济发展带来了革命性影响。在"十一五"规划中,提出要建设快速客运网络;党的十八大把高速铁路发展作为创新型国家建设重大成就之一给予充分肯定。"十三五"规划提出,到 2020 年,高速铁路营业里程达到 3 万公里,覆盖全国 80% 以上的大城市。因此,在新的时代背景下研究高速铁路对区域经济关系的影响,具有十分重要的战略意义。

第二节　高速铁路的特点

通常情况下,高速铁路界定标准如下:

列车在主要区间能以 200 km/h 以上速度运行的干线铁路:(1970 年日本政府第 71 号法令)。

客运专线 300 km/h,客货混运线 250 km/h:(1985 年欧洲委员会)。

UIC 提出的高速铁路的定义是:最高速度至少应达到 250 km/h 的专线,或最高速度达到 200 km/h 的既有线。

1964 年日本东海道新干线开通,线路设计允许最高速度 240 km/h,列车实际运行最高速度 210 km/h。按照日本的定义,这是一条高速铁路,也是日本及世界第一条高速铁路,在日本经济和社会方面取得明显效益。

表 1.1　日本运营中的高速铁路

线路名称	起讫地点	长度(km)	最高速度(km/h)	动工年份	竣工年份
东海道新干线	东京—新大阪	515.4	270	1959	1964
山阳新干线	新大阪—博多	554	300	1967	1974
东北新干线	东京—盛冈—八户	594	275	1971	1991
上越新干线	东京—新潟	270	275	1975	1982
北陆新干线	高崎—长野	118	260	1989	1997
北陆新干线	长野—金泽	228	260	1997	2015
九州新干线	福冈—鹿儿岛中央	288.9	260	1973	2004
北海道新干线	新青森—新函馆北斗	148.9	320	2005	2016

表 1.2　日本新干线的主要几何参数

线　　路	最小曲线半径(m)	最大坡度(‰)	线间距(m)
东海道新干线	2 500	15	4.20
山阳新干线	4 000	15	4.30
东北新干线	4 000	15	4.30
上越新干线	4 000	15	4.30
北陆新干线	4 000	15	4.30
九州新干线	4 000	15	4.30
北海道新干线	4 000	15	4.30

速度是高速铁路技术水平的最主要标志,各国都在不断提高列车的运行速度。武广、郑西高速铁路和京津、沪宁、沪杭城际铁路开通初期,最高运行速度都达到了 350 km/h。合宁、合武、石太、甬台温、温福、福厦、昌九等开通时最高为

250 km/h。

2011年8月底,为了充分满足旅客的不同需求,确保高速铁路运营初期的安全,我国新建300—350 km/h高速铁路将最高运行速度改为300 km/h,采用了300 km/h动车组与200—250 km/h动车组共线运行;200—250 km/h高速铁路的最高运行速度改为200 km/h,有的线路(如昌九城际铁路)还同时开行120—160 km/h普通旅客列车。2012年12月开通的世界第一条高寒地区高速铁路——哈大客专,采用了夏季、冬季两种运行图,冬季最高运行速度为200 km/h,夏季最高运行速度为300 km/h。

2008年6月24日,在京津城际铁路,单列CRH3型动车组试验速度达到394.3 km/h;2009年12月9日,在武广高速铁路,CRH3型重联动车组试验速度达到394.2 km/h;2010年9月28日,在沪杭城际铁路,CRH380A动车组试验速度达到416.6 km/h;2010年12月3日,我国铁路在京沪高速铁路先导段(枣庄西—蚌埠南)进行的高速综合试验中,采用CRH380AL动车组,创造了世界铁路运营列车的最高试验速度486.1 km/h。

第三节 交通基础设施的供求理论

作为一个综合系统,城市基础设施是城市各种活动的载体,其需求是由城市的性质、功能、发展水平所决定的,其供给则直接或间接由城市政府和(或)私人企业来负责。

1. 城市基础设施特征

(1)自然垄断性。城市基础设施的六大子系统几乎都具有自然垄断性。根据经济学的观点,所谓自然垄断性是指产品或服务提供者(企业)"有一直下降的平均成本和边际成本曲线,它表示持续的规模收益递增"。基础设施自然垄断主要表现:一是城市基础设施项目具有大量的沉淀资本,多数城市基础设施如供水、供电、供气、供热、通信基础设施等必须一次性进行大规模投资,而且这种投资具有不可分性;二是服务的区域性,城市基础设施提供的几乎全部产品或服务都具有就地生产、就地消费的显著特点;三是规模经济性,一些基础设施建成后,在现有的需求水平上,随着服务提供量的增加,某一城市基础设施提供服务的边际成本递减，提供服务的平均成本也会随着提供服务量的增加而下降。

(2) 混合产品属性。布坎南(Buchanan)指出，在私人产品和公共产品之间的准公共产品为俱乐部产品(club goods)，即混合产品，在消费上具有有限的非竞争性和局部的排他性。大部分城市基础设施，如供水、供电、供热系统等都具有这种混合产品性质。其他设施或服务(如收费道路、桥梁等)则具有非竞争性和排他性，在一定条件下(不拥挤状态)增加这种公共服务(或产品)，消费者的边际成本仍为零，但要将某些人排除在消费之外是可行的(设立收费机制)。同时，某些城市基础设施的服务具有较为明显的外部效应，如城市污水与垃圾处理设施，具有改善生态环境的外部效应，这些设施也具有混合产品性质。需要指出的是，在实际生活中，仍有一部分城市的基础设施具有纯公共产品性质，如开放式的道路、桥梁、公园、消防、防洪排涝及排水设施等，这类设施和服务具有消费上的非竞争性和非排他性。城市出租车服务等则主要表现为私人产品性质，在消费上具有竞争性和排他性。

(3) 外部性。人们对某些城市基础设施产品(服务)的提供或消费，给别人带来额外的损失或收益。例如，城市污水、垃圾的处理及向居民提供洁净的饮用水，有利于消费者的健康和环境保护。

(4) 竞争性。由于城市基础设施的共同消费性和个人消费性，使得有些行业处于垄断竞争状态，较为突出的是城市公交、电信市场等领域。对这些领域的不同行业而言，其竞争程度是不同的。可见，竞争性的存在使得该领域难以形成完全的垄断状态，而是呈现垄断竞争状态。

由于城市基础设施具有公益性，如果仅有市场调节，将导致其供给不足，因而需要政府或财政的投入。垄断意味着非竞争，它损害经济效率进而损害社会福利，为此垄断性活动必须受到政府的管制。因此，公益性与垄断性的特点决定了城市基础设施的建设和投资具有"非市场性"的特点。收费性与竞争性的存在，则又决定了城市基础设施的建设和投资是市场性的，即它的建设和经营应采用市场手段。由此可见，城市基础设施本身具有市场性和非市场性的两重性。就一项具体的设施而言，关键之处在于市场性和非市场性中的哪一方处于主导地位。

2. 城市基础设施需求

决定城市基础设施需求的主要因素如下：

(1) 城市人口规模。城市人口规模是决定城市基础设施需求水平的基本因素。人口数量决定了基础设施内部各组成部分的需求水平。人口增加从三个方面对城市基础设施产生影响：一是对直接提供城市基础设施服务需求的增加，如自来水需求量的增加、医疗服务设施和能力需求的增加等；二是人口增长会带来经济活动规模的扩张，从而要求城市基础设施直接或间接提供的服务增加，如能源需求的增加、通信服务需求的增加等；三是人口的增长使得城市区域向外扩张，这种扩张也必然导致城市新区配套基础设施需求的增加。

(2) 城市性质。城市性质决定着城市基础设施的需求水平和城市基础设施内部的组成比例。一个以商业、旅游为主的城市，必然需求更多的直接为人民服务的社会性基础设施，而一个工业城市则对能源供应、交通运输设施有更高的需求。

(3) 人均收入水平。人均收入对基础设施的影响主要体现在对社会性基础设施的需求上。人均收入水平的提高提升需求层次，使得对文化教育和生态设施需求上升，同时，人均收入水平的提高促使人们更加关注健康，对保健设施需求上升。

3. 城市基础设施供给

(1) 具有公共产品性质的城市基础设施产品的供给。公共产品在消费过程中具有非竞争性和非排他性，这种特点，使得人们对这类产品的需求或消费是公共的或集体的，如果由私人企业提供，那么每个消费者都不会自愿掏钱去购买，而是等着他人去购买而自己顺便享用它所带来的利益，这也是经济学中的"搭便车"现象。因此，这类产品和服务只能由政府来提供。而且，这类产品和服务提供的质量和水平也在一定程度上反映着当地的城市竞争力水平，也有利于促进当地经济的发展。

(2) 具有准公共产品性质的城市基础设施产品的供给。在私人产品和纯公共产品之间的准公共产品具有一定程度的非竞争性和排他性，使用者只有购买才能消费。

第二章
文献综述

第一节　关于运输成本与城市经济活动理论的相关研究

经济活动并非局限在一小块区域或者均质的"平原"上，表现在不同的区位、城市各不相同，产出的等高线也会随着时间和空间的变化而变化。19世纪以来，伴随着贸易保护主义的衰落与运输成本的下降，经济活动之间的联系逐步加强，企业可以更加自由地选择最优区位进行生产。运输成本如何改变城市之间的关系，需要进一步研究。本节通过回顾古典区位论、新古典理论、新经济地理理论以及"新"新经济地理理论中关于城市区位、城市与城市之间关系的相关文献，梳理有关贸易成本与城市经济关系理论的研究进展。区位理论主要包括韦伯古典区位论，新古典区位理论以及强调要素资源在企业集聚中作用的新经济地理理论及考虑异质性的"新"新经济地理理论，以下小节会逐步进行介绍。

一、传统经济学有关交通的研究

早在古希腊时期，哲学家和经济学家们开始从交通运输的角度关注城市经济的问题。例如，威廉·配第（William Petty，1676）对地理条件和交通运输对一国财富和国力的促进作用给予了极大的肯定。亚当·斯密（Adam Smith，1776）在《国民财富的性质和原因的研究》中，阐述了交通运输对城市和地区经济繁荣所起的贡献和促进作用等问题，认为交通是市场形成、运行与扩展的根基。

此后，德国资产阶级经济学中历史学派创始人李斯特（listz，2009）丰富了交通经济的研究,关于运输推动经济发展的思想,影响了德国此后100多年社会经济发展。随后,威廉·罗雪尔在《历史方法的国民经济学讲义大纲》中,探讨了交通运输在促进社会分工等方面发挥的积极作用,认为交通设施的完善使得地域劳动分工更加便利,产品价格更低,市场扩大和地区间联系增加,生产资料和商品的供需平衡得到调整。马克思在《资本论》中,探讨交通运输与资本主义经济发展的联系,马克思认为,运输发展缩短了商品产销和交换的距离,扩大了资本主义商品交换的范围。

19世纪后期,新古典经济学代表人物马歇尔(Marshall,1890)的《经济学原理》中,论述了交通经济思想,认为运输成本存在条件下的规模报酬递增现象,铁路带来了某地位价值提升。新古典经济学面临难以处理的难题,即运输成本的存在,使得距离远的人运费支付更多。因此,在斯塔雷特(Starrett,1987)提出了"空间不可能性定理"之后,运输成本彻底在新古典经济学中失去了应有的地位。

二、传统经济学关于运输成本与经济区位的研究

区位论最先建立在古典政治经济学地租学、比较成本学说基础上。德国古典经济学者杜能(Von Thünen,1826)发表了关于资本主义农业空间组织的第一本名著《孤立国》,得出农业品类围绕市场呈环状同心圆分布的模式,为距离衰减法则和空间相互作用原理的出现打下基础。杜能认为农产品运输问题将会制约城市周围的农业生产布局。市场条件与生产技术不变的情况下,运输成本是影响同心圆结构的唯一因素。德国经济学家韦伯(Weber,1909)发表的《工业区位论:区位的纯理论》探讨了运输成本、劳动力成本和集聚分散对工业分布格局的影响,认为任何一个理想的工业区位,是生产成本与运输成本的最小点。

20世纪初,随着城市在经济活动中逐步占据了主导性地位,出现了分析需求对工业影响的区位理论。帕兰德(Palander,1935)在劳恩哈特市场区理论与空间双寡头垄断模型基础上,将区位论引入了新的发展阶段。1933年,德国地理学家克里斯塔勒(Christaller,1966)发表了《德国南部中心地原理》,认为交通会影响中心地布局。此后,廖什(Lösch,1940)在上述文献的基础上,认为区位选择的决定因素是集聚与运输,胡佛(Hoover,1948)认为运输费用减少是贸易

与产业实现规模经济的先决条件之一,为港口和交通枢纽地区发展工业提供理论依据。萨缪尔森通过研究,确认了消费者剩余与生产和运输成本之差的最大值。

第二次世界大战以后,空间相互作用模型、规划、网络以及运筹学理论思想的运用,使得区位论得到了快速发展。古典区位论主要强调企业生产与布局,侧重于研究微观层面的产业布局,忽略了宏观中的一般均衡问题。在继承了古典区位论的基础之上,新古典区位论在研究对象与方法上,均有了更加深入的扩展,放宽了假设条件,拓宽了研究视野。此后新古典区位论的发展主要沿袭两条路线,一是以拉伯和蒂斯为代表的新古典微观区位论,主要是利用拓扑网络结构构建运输成本最小化下的多个企业最优区位选择模型。新古典区位论关注到空间竞争均衡,例如,盖布茨维茨和蒂斯在《理论和应用经济学基础》一书中,强调把企业放在空间环境中,竞争只发生在少数企业之中。霍特琳(Hotelling,1929)从厂商不同空间位置出发,建立线性双寡头厂商定位模型,认为在没有价格竞争的情况下,追逐利润最大化的厂商最终聚集在市场中心。

随后,艾萨德(Isard,1951)等人开始了致力于一般空间均衡模型的构建,新古典宏观区位论随之建立。艾萨德在其《区位与空间经济学》一书中,利用宏观均衡分析了美国各地区人口、产出、资本和增长之间的差异,将研究重点由区位决策转向了区域综合发展。美国经济学家库兹涅茨发现,运输基础设施部门创造的增加值在国民经济中所占的份额在增加,说明基础设施投资是实现经济快速持续增长的一个推动力。

在众多决定经济活动的因素中,企业区位选择受到贸易成本的影响最大(Ryan,2005),即使企业本身不需要集聚,在选址时仍希望聚集在某一交通节点的周围(Anas 等,1998;McMillen 和 McDonald,1998;White,1976),例如制造业、批发贸易业及物流活动会倾向于布局在高速公路的交汇处(Bowen,2008;Cidell,2010;Hoover 和 Giarratani,1985;Michaels,2008)。

人口和物质资源倾向于集聚在具有交通线路的交叉口(Bairoch,1985;Fujita 和 Mori,1996)。高速铁路等交通基础设施通过作为生产中的投入或改进技术创新来影响经济增长(Aschauer,1989b;Munnell,1990)。高速铁路开通,减小了距离的阻抗,扩大了潜在的市场面积,从而消除了生产和贸易中的瓶颈,增强了经济一体化(Blum,1982;Rietveld,1989)。同时,旅行时间和旅行成本的减少也可以通过增强聚集效益带来生产率的增长（Venables，2004；Graham，2007）。然而，交通基础设施改善也可能带来经济增长不确定性。最重要的不确定性之一是空间分布效应。洛克菲勒和弗斯特（Forkenbrock 和 Foster，1990）与伯纳特（Boarnet，1996）认为运输成本和旅行时间的减少也可能导致区域之间的重大分配效应。一些地区的增长可能是较贫困地区恶化的结果。

三、新经济地理学有关交通的研究

虽然古典区位论与新古典区位论着重于经济活动的空间维度，也出现了很多经典的分析范式，但由于不断重复的规模不变、报酬递减与完全竞争等基本假设，空间维度依然长期游离于主流新古典经济学之外。根据这种假设，经济活动的空间分布应该是均匀的，但现实世界却普遍存在经济活动的空间聚集现象，很难用传统的主流经济学理论解释。主流经济学对空间活动差异的解释，主要源于外部性，这种外部性包括要素资源在空间上分布不均匀与技术的外部性。从供给角度考虑，主要包括赫克歇尔—俄林的要素资源禀赋理论，不同地区间由于比较优势的存在，导致集聚发生在不同地区，形成专业化分工。从需求角度考虑，主要有"杜能环"理论，在存在运输成本的情况下，经济活动的空间差异导致土地利用类型与集约化程度随着城市距离的增加而呈现出明显的"带状"分布。

（一）克鲁格曼与核心边缘理论

传统主流经济学忽略空间维度的主要原因在于缺乏处理规模收益与不完全竞争的技术工具。迪克西和斯蒂格利茨（Dixit 和 Stiglitz，1977）建立的 D-S 模型，为处理规模收益递增和不完全竞争问题提供了有效的技术工具，被认为是研究垄断与规模报酬递增有力的政策工具。随后，在经济学领域掀起了关于规模收益递增与不完全竞争的激烈讨论，新经济地理学科由此出现。新经济地理学通过把贸易与区位理论相结合，打破了不完全竞争的理论僵局。克鲁格曼（Krugman，1991）综合了"冰山运输成本"与 D-S 模型，建立了核心边缘模型。该模型描述了空间集聚的机制，认为市场均衡是分散力与集聚力相互作用的结果。分散力主要来源于生产要素的非流动性、市场拥挤效应、地租与外部不经济成本。集聚力主要来源于市场规模效应、劳动力池效应与综合成本效应。该模型中,提示了运输成本是关键的决定因素。克鲁格曼认为,当运输成本(贸易成本)足够低时,所有制造业会集中在一个地区,成为经济中心,另一地区只生产农产品,成为外围,企业可以利用规模报酬递增出售更多的产品;当运输成本(贸易成本)足够高时,经济显示出对称的区域生产模式。同时,该模型可以用来解释区位为什么发生"突变"的问题。初始均衡时,每个区域拥有一半人口,当贸易成本开始下降时,一开始人口与空间区位活动不会立即受到影响,当贸易成本下降到一定临界值时,人口和区位受到影响,循环累积过程导致区域间不平衡,造成工业边缘区与农业边缘区这种稳定的空间结构。因此,地区间成本与城市内的通勤成本的相对演变决定了空间经济结构。

在核心—边缘模型中,"本地市场效应""生活成本效应"与"市场竞争效应"构成了该模型的基本理论机制。前两种效应促进企业的空间集聚,后一种效应促使企业的分散。在"本地市场效应"与"生活成本效应"所产生的循环累积因果联系中,交易成本起到了重要的作用。在两区域经济中,"本地市场效应"意味着需求较大的区位能够成功吸引不完全竞争企业,在收益递增和不完全竞争的条件下,需求推动的专业化可以反映为贸易流,大区域是产品的净出口者。克鲁格曼认为,某工业品消费者较多的国家将在该产业中获得贸易盈余。赫尔普曼(Helpman,1985)对该模型进行了拓展,一旦明确考虑贸易成本,不完全竞争产业倾向于在更大的市场生产而后出口到较小的市场,本地市场效应出现,并证明存在"本地市场效应"的放大结果。波拉德(1981)强调了本地市场效应在欧洲工业化进程中的历史相关性,认为倘若没有坚实的本地市场基础,产业综合体的建立比较困难。16年后,出现了有关"本地市场效应"的实证研究,最早出现在戴维斯和温斯坦(Davis 和 Weinstein,1996)的《经济地理对国际专业化有影响吗》一文中,虽然该论文没有发表,但其方法在与主要研究结果的讨论随后出现在戴维斯和温斯坦1999年和2003年的论文中,该结论被认为是对本地市场效应与新经济地理提供了强有力的支撑。黑德和里斯(Head 和 Ries,2001)基于赫尔普曼和克鲁格曼(1985)的份额公式,研究了从1989年开始推进的美加贸易自由化背景下的本地市场效应,该理论验证了在完全竞争、国家生产差异化[阿明顿假设(Armington)]条件下的完全不同。同时,该文章中证明,美加跨境贸易成本的相对降低,对于加拿大低需求的产业优于高需求的产业。特里昂费提(Trionfetti,2001)基于赫尔普曼和克鲁格曼(1985)的模型,利用8个欧洲国家的样本,引入了一种新的方法区分规模收益递增与比较优势假说,即一个国家比另一个国家具有更多的"本国偏好"需求。该文章中证明,在规模收益递增与垄断竞争的框架下,一个国家如果拥有消费者所占的份额较高,那么"本国购买"将会导致其在该产业中拥有较高份额。由于向"本国偏好"的消费者出口无法获得利润,企业不得不选择根据需求和靠近大市场来确定区位。

自"核心—边缘"模型出现后,许多学者不断放松各种假设或者加入其他影响因素,得到了许多新的结论。目前已发展成熟的新经济地理学模型主要有三种类型:"第一经济关联""第二经济关联""知识关联"。"第一经济关联"沿用克鲁格曼的思路,并没有摆脱 D-S 分析框架,遵循冰山贸易成本的假设,称为 DCI 框架,主要包括马丁和罗杰斯(Martin 和 Rogers,1995)。奥塔维亚诺(Ottaviano,2001)、福尔斯利德(Forslid,1999)等对 CP 模型进行不同的修正后提出的自由企业家模型(FE model);鲍尔温等(Baldwin 等,2001)通过引入资本形成与资本折旧两者变量提出了资本创造模型(CC model),其他模型还包括马丁和奥塔维亚诺(Martin 和 Ottaviano,1999)的全域溢出模型(GS model);鲍尔温等(Baldwin 等,2005)的局部溢出模型;克鲁格曼和维纳布尔斯(Krugman 和 Venables,1995),藤田(Fujita 等,1999)建立的"核心-边缘"垂直联系模型(CPVL model);罗伯特(Robert,2002)的自由资本垂直联系模型(FCVL model)等。"第二经济关联"放弃了 CD 效用函数与冰山运输成本的假设,利用准线性二次效用函数与不变替代效用函数,同"第一经济关联"结合起来,摆脱了困扰核心边缘模型的非线性关系,主要包括奥塔维亚诺(Ottaviano,2002)线性自由资本模型,以及线性自由企业家模型;奥塔维亚诺(2002)的自由企业家垂直联系模型(FEVL model)等。田渊(Tabuchi)以及曾(Zeng)等研究者近几年也利用线性模型做了一些拓展得出了一些有意思的结论。贝兰特和藤田(Berliant 和 Fujita,2007)建立了知识创新与传递模型(TP model),引领了关于"知识关联"的研究。知识创新与传递模型具有核心边缘模型的特征,但同时也具有线性模型的特征,同时更有一些创新,如强调"文化"的作用,强调以知识创新为基础的内生增长,关注公平与效率等。弗吕格和田渊(Pflüger 和 Tabuchi,2010)假设工人与企业消费多种商品,当土地供给缺乏弹性或者通勤成本非常高时,企业与工人因为土地竞争而导致较高的城市成本,制造业部门为了更低的贸易成本,从核心区再分散到边缘区。

(二)异质性理论

虽然新经济地理学取得了举世瞩目的成就,但其发展中也存在着一定的问题。梅利兹(Melitz,2003)对利用同质性企业来解释产业内贸易的新贸易理论产生了质疑,首次从微观异质性企业层面出发,将生产率不同的企业对贸易的影响引入模型,发展了国际贸易研究,被经济学界称为"新"新贸易理论。

随后,鲍德温和大久保(Baldwin 和 Okubo,2006)发表了《异质性企业、集聚与经济地理:空间选择与分类》,讨论生产率差异、企业异质性及其对区位选择与集聚的影响。该文章认为,企业的空间分布具有两种效应,一种是选择效应,一种是分类效应。其中,贸易成本发挥了重要的作用。由于边际成本的不同,高生产率企业选择布局在核心区域,低生产率企业为避免竞争,布局在边缘区,只有通过贸易成本来维持市场份额,这种异质性企业的分布形成了高低生产率企业不同的空间结构(Venables,2011;Ottaviano,2012)。分类效应针对区域政策,存在企业异质性的情况下,政府补贴只会吸引生产率较低的企业迁移至边缘区。之后的学者对鲍德温和大久保(2006)的研究进行了深入的拓展,对贸易成本的作用具有不同的解释。大久保、皮卡德和蒂斯(Okubo 等,2010)认为,随着贸易成本的下降,高生产率企业会聚集在核心区,低生产率企业会集聚在边缘区以规避同高生产率企业的竞争。随着贸易成本的进一步下降,低生产率企业不能有效受到边缘区保护,市场邻近效应为主,低生产率企业有动机迁移至核心区,生产率在核心与边缘区的差异呈现倒"U"型关系。这一结论不同于鲍德温和大久保(2006),该文章认为,贸易成本的降低会导致高生产率企业有动机布局在边缘区域,低生产率企业没有迁移动机。萨伊托(Saito,2011)认为,不完全集聚使得低生产率企业和部分高生产率企业会从核心区迁移出去。福尔斯利德和大久保(Forslid 和 Okubo,2013)将运输规模经济融入鲍德温和大久保(2006)的模型中,并发现对异质性企业的空间布局有着重要的影响。结果显示,中间生产率企业选择在核心区,两端高、低生产率企业选择在边缘区生产,产生这一结果的原因在于运输规模经济,运输成本对于高生产率企业不再重要。该结论对于运输成本占比很高的部门具有一定的政策意义。

"新"新经济地理学将企业异质性引入模型,得出了许多新的结论,目前从企业异质性角度依照"新"新经济地理学进行的实证研究较少。西弗森(Syverson,2004)、阿斯布鲁德和诺克(Asplund 和 Nocke,2006)、弗斯特(Foster,2008)认为低生产率企业很难在激烈的市场竞争中胜出,倾向于迁移至边缘区。大久保和富浦(Okubo 和 Tomiura,2012)使用日本产业层面数据,结果表明,促进区域发展的政策只会吸引低生产率企业,拉大核心与边缘区之间的差距。萨伊托(Saito,2008)检验了高生产率企业自选择是否倾向于选择较大的市场,结果证明了高生产率企业倾向于产业结构与市场规模较大的地区生产。由于数据的可能性与模型构建困难,"新"新经济地理学的实证研究目前处于发展的初级阶段。

(三)知识、信息的溢出理论

经济主体具有彼此交流互动的需要,霍恩伯格和利斯(Hohenberg 和 Lees,1985)在研究欧洲城市形成时指出,城市中的第三产业或服务业最基本的要素是信息。城镇中心则是那些知识交易的天然集散地,这些交易把居民以及大部分有形商品的交易活动挤了出去。因此,企业之间通过一系列交流来交换信息会带来正外部性(Stigler,1961;Romer,1986;Lucas,1988),而且企业的外部性会随着企业数量的增加而增加,当企业大量集聚在一起,信息传递所需的中介减少,信息质量更高(Hagerstrand,1953)。

在知识与信息的传播与城市集聚的关系中,学习机制尤为重要。马歇尔(1890)强调了城市形成如何有助于创新与思想的扩散。雅各布(Jacob,1969)强调城市环境如何促进新思想的产生。杜兰顿和普加(Duranton 和 Puga,2001)建立模型,说明城市存在专业化与多样化共存的局面。随后,约万诺维奇和罗伯(Jovsnouic 和 Rob,1989)、约万诺维奇和尼亚科(Jovsnouic 和 Nyarko,1995)与格莱泽(Glaeser,1999)认为与具有高技能的人群接触,有利于技能的获得,知识的交换与扩散。

有关城市结构与交通成本的变化关系的研究,学者做了广泛的研究。藤田和小川(Fujita 和 Ogawa,1982)估计了空间衰减函数与通勤成本的重要性,认为城市结构可能从单中心结构到多中心结构,然后完全分散。随后,赫尔斯利(Helsley,1990),奥塔德和藤田(Otaord 和 Fujita,1993),卢卡斯和汉斯伯格(Lucas 和 Rossi-Hansberg,2002)对模型进行了拓展,但都没有详细地给出信息外部性与空间衰减的函数。赫尔斯利(1990)认为,企业间知识扩散的成本会随着距离的增大而增大。贝兰特和藤田(Berliant 和 Fujita,2008)以及藤田(Fujita,2007)定义了知识关联,建立知识创新与扩散模型(TP模型)。该模型假定知识的空间溢出与区际贸易成本紧密结合,认为地区间贸易成本越低,区域间的开放程度越高,本地与外地接触和交流的机会更多,其他地区的知识、信息和技术就越有可能溢出到本地。

第二节 交通基础设施对城市经济影响的相关研究

交通基础设施对城市经济的影响一直是经济学重点关注的问题,并从三个思路进行了研究。一是罗丹、纳克斯和罗斯托等发展经济学家把交通运输作为基础设施的一部分,认为是经济发展的社会先行资本。二是新经济地理学研究强调了运输成本在不完全竞争和不同程度的区域间劳动力流动的背景下作为区位因素的作用,认为运输成本是区位选择的决定因素,代表人物如约翰·杜能(1826)、韦伯(1909)、穆斯(Moses,1955)、阿隆索(Alonso,1964)、Fujita(2001)等。三是经济增长理论认为,交通基础设施是宏观经济增长的因素。交通基础设施对技术变革的贡献,被认为是经济增长的来源(Aschauer,1990)。近些年的研究侧重微观层面(Redding 和 Turner,2015),探讨交通基础设施的生产率效应(刘秉镰和刘玉海,2011)、出口增长(白重恩和冀东星,2018)的影响。

交通设施对经济增长的确切影响仍然存在争议。一部分学者持积极态度,例如,周浩和郑筱婷(2012)探讨六次铁路提速对经济增长的影响,结果证明了铁路的促进作用。刘生龙和胡鞍钢(2010)、张光南和宋冉(2013)等认为,高速公路对提高生产率具有促进作用。唐纳森(Donaldson,2018)认为,交通设施带来区域内和区域间的贸易量增加,运输成本降低,商品价格差缩小。另一部分学者认为,交通基础设施的作用是模糊或微不足道的,甚至是负面影响。例如,张学良(2012)证明了交通基础设施的空间溢出效应。霍尔埃金和施瓦茨(Holtz - Eakin 和 Schwartz,1995)证明了州际高速公路和邻近高速公路对生产率没有显著影响。巴纳吉等(Banerjee 等,2020)认为,由于缺乏要素的流动,交通基础设施可达性对中国经济增长无法产生影响。阿舍和保罗(Asher 和 Paul,2020)的研究结果表明,农村新修公路导致工人接触更多的非农机会,对村镇工厂的实际扩张和地区经济发展没有正向影响。

表 2.1 交通基础设施与经济增长之间关系的研究文献

作 者	国 家	年 份	方 法	结 果
Aschauer(1989)	美国	1949—1985	OLS, TSNLS	TI $\xrightarrow{+}$ G
Duffy-Deno and Eberts (1991)①	美国	1980—1984	SPDM	GTI $\xrightarrow{+}$ IP
Garcia-Mila and McGuire (1992)②④	美国	1969—1983	PD	HW $\xrightarrow{+}$ GDP
Haque and Kim(2003)③	15 个发展中国家	1970—1987	SEPD	GTI $\xrightarrow{+}$ G
Boopen(2006)④	非洲发展中国家	1980—2000	DPD	TI $\xrightarrow{+}$ G
Kustepeli 等(2008)⑤	土耳其	1970—2005	CA and GC	HWE→G (no relationship)
Daii karimzadeh 等(2009)⑥	伊朗	1973—2008	ARDL	GTI $\xrightarrow{+}$ G
Hong 等(2011)⑦	中国	1998—2007	PD	T $\xrightarrow{+}$ G
Akbarian and Ghaedi (2011)⑧	伊朗	1961—2006	VAR	TI $\xrightarrow{+}$ GDP

① Allen, M. T., Duffy-Deno, K. T., Eberts, R. W., Henderson, J. V., & Rosenthal, S. S. (1991). Grissom, Terry V., 152. Journal of Urban Economics, 30, 48.

② Garcia-Mila, T., & McGuire, T. J. (1992). The contribution of publicly provided inputs to states' economies. Regional science and urban economics, 22(2), 229 - 241.

③ Haque, M., & Kim, D. (2003). Public Investment in Transport and Communication and Growth: A Dynamic Panel Approach. Centre for Growth and Business Cycle Research, University of Manchester. Discussion Papers Series No, 31.

④ Boopen, S. (2006). Transport infrastructure and economic growth: evidence from Africa using dynamic panel estimates. The empirical economics letters, 5(1), 37 - 52.

⑤ Kustepeli, Y., Gulcan, Y., & Akgungor, S. (2008). Transportation expenditures, growth and international trade (No.08/03).

⑥ Dehghan Shabani, Z., & Safaie, S. (2018). Do transport infrastructure spillovers matter for economic growth? Evidence on road and railway transport infrastructure in Iranian provinces. Regional Science Policy & Practice, 10(1), 49 - 63.

⑦ Hong, J., Chu, Z., Wang, Q. (2011). Transport infrastructure and regional economic growth: evidence from China. Transportation, 38(5), 737 - 752.

⑧ Akbarian, R., Ghaedi, A. (2011). Investment in economic infrastructures and economic growth: The case of Iran.

续　表

作　者	国　家	年　份	方　法	结　果
Banerjee 等(2012)[①]	中国	1986—2000	描述性方法	$T\xrightarrow{+}GDP$
Carruthers(2013)[②]	11 个地中海南部和东部国家	—		$TI\xrightarrow{+}G$
Bosede 等(2013)[③]	尼日利亚	1981—2011	OLS	$TI\xrightarrow{+}G$
Sun(2013)[④]	中国	1978—2011	PD	$T\xrightarrow{+}GI$
Ahmed 等(2013)[⑤]	巴基斯坦	—	DCGE	$TI\xrightarrow{+}G$
Pradhan 等(2013)[⑥]	印度	1970—2012	ARDL	$T\xleftrightarrow{+}GDP$
Agbelie(2014)[⑦]	40 个国家	1992—2010	OLS, RF	$TI\xrightarrow{+}G$
王晓东等(2014)[⑧]	中国	1990—2010	PD	$TI\xrightarrow{+}G$
Afsharpour 等(2014)[⑨]	伊朗	2000—2011	PD	$T\xrightarrow{+}GA$
Kodongo and Ojah (2016)[⑩]	45 个撒哈拉以南非洲国家	2000—2011	System GMM	$TI\xrightarrow{+}G$

[①] Banerjee, A., Duflo, E., & Qian, N. (2012). On the road: Access to transportation infrastructure and economic growth in China (No. w17897). National Bureau of Economic Research.

[②] Carruthers, R. C. (2013). What prospects for transport infrastructure and impacts on growth in southern and eastern Mediterranean countries?.

[③] Bosede, A., Abalaba, B., Afolabi, D. (2013). Transport infrastructure improvement and economic growth in Nigeria. International Journal of Humanities and Social Science Invention, 2(8), 26 - 31.

[④] Sun, Z. (2013). Explaining regional disparities of China's economic growth: Geography, policy and infrastructure. University of California: Berkeley, CA, USA.

[⑤] Ahmed, S. F., Fouda, N., Abbas, A. A. (2013). Serum dickkopf-1 level in postmenopausal females: correlation with bone mineral density and serum biochemical markers. Journal of osteoporosis, 2013.

[⑥] Pradhan, R. P., Norman, N. R., Badir, Y., & Samadhan, B. (2013). Transport infrastructure, foreign direct investment and economic growth interactions in India: the ARDL bounds testing approach. Procedia-Social and Behavioral Sciences, 104, 914 - 921.

[⑦] Agbelie, B. R. (2014). An empirical analysis of three econometric frameworks for evaluating economic impacts of transportation infrastructure expenditures across countries. Transport Policy, 35, 304 - 310.

[⑧] 王晓东,邓丹萱,赵忠秀.交通基础设施对经济增长的影响——基于省际面板数据与 Feder 模型的实证检验[J].管理世界,2014(4):173 - 174.

[⑨] Shabani, Z. D., & Safaie, S. Do transport infrastructure spillovers matter for economic growth? Evidence on road and railway transport infrastructure in Iranian provinces. Regional Science Policy & Practice, 2018, 10(1), 49 - 63.

[⑩] Kodongo, O., & Ojah, K. (2016). Does infrastructure really explain economic growth in Sub-Saharan Africa?. Review of Development Finance, 6(2), 105 - 125.

续　表

作　　者	国　家	年　份	方　法	结　果
张勋等(2018)①	中国	2001—2007	PD	$TI \overset{+}{\rightarrow} G$
Donaldson(2018)	印度	1870—1930	PD	$T \overset{+}{\rightarrow} GA$
Banerjee等(2020)	中国	1986—2006	PD	$A \overset{-}{\rightarrow} IP$

现有文献肯定了交通基础设施对城市群经济增长的作用(吴福象和刘志彪，2008)。国外文献对城市群的讨论大多集中在交通对大都市圈及其腹地城市的影响，验证了交通基础设施对于扩大城市腹地的作用(Crihfield 和 Panggabean，1995)。例如，鲍姆斯诺(Baum Snow，2007)将异质的通勤速度引入单城市中心模型，认为一条放射状高速公路会使得大都市区中心人口沿高速公路扩散10％。莫伊诺等(Mohino 等，2014)认为，在大城市周边停靠高速铁路站的城市(到大城市中心 100 公里)最终也融入大城市。吉劳等(Guirao 等，2018)研究了高速铁路通勤对西班牙大都市区劳动力市场的影响，这是首次使用劳动力区域间流动性数据对高速铁路影响的面板估计。使用中国的数据的研究，高速铁路对长三角长期人口迁移产生负面影响，对短期人口流动有显著促进作用。关于中国高速铁路对城市群内城市经济增长的经济学实证研究仍处于空白状态。

现有文献对城市群的界定，一般基于传统的国家行政区划或约定俗成，对城市群的数量和空间范围界定不统一(张林和高安刚，2019)，对城市群内中心城市的界定缺乏经济学的深入思考。城市群内城市之间产品和要素流动关系较为复杂。传统的集聚理论大多基于封闭的城市模型，得到城市产业与人口的均匀分布状态，忽略了城市研究中开放型城市特征，没有考虑城市之间的相互作用关系(佐佐木公明和文世一，2011；姚常成和宋冬林，2019)，也就无法解释城市群内中小城市的经济增长。姚常成和宋冬林(2019)认为，城市群内城市由于相互紧密联系，集聚效应的发生应突破城市行政区划的界限，在更大范围内与相邻或邻近

---

① 张勋，王旭，万广华，孙芳城.交通基础设施促进经济增长的一个综合框架[J].经济研究，2018(1)：50-64.

城市产生交互作用。这篇文章通过借用规模效应(Borrowed Size, Alonso, 1973)进行佐证。

对城市群内城市来说,城市通达性决定城市群内城市之间的经济联系强度,那些具有更高通达性的城市更易获得集聚经济外部性。目前,高速铁路对城市的通达性效应已经被学界广泛研究,结论肯定了高速铁路对提高站点城市通达性的作用(Ureña 等,2009;Monzón 等,2013)。高速铁路开通使得城市群内以及城市群之间站点城市联系更加密切,势必会影响集聚效应的发生范围,带来城市群边界的突破效应。目前对这一问题的研究尚没有文献涉及。

第三节 高速铁路对于城市经济关系影响的相关研究

大部分关于交通问题的经济学分析主要集中在微观与中观层面。直至 20 世纪 90 年代,交通经济学的研究主要以古典经济学的研究为基础。随着新制度经济学的发展,交通经济学的发展拓展到了新古典经济学的研究空间。近些年来,关于交通的空间效应研究将重点放在对于交通系统的环境和分配效应上。在某些情况下,市场效率已经不再是决策的唯一成本。

一、高铁与区域经济增长的关系

关于区域经济学与新经济地理学中对高速铁路促进城市经济增长的作用,国内外学者有不同的观点(曹跃群等,2019)。目前,较新的文献关于高速铁路设站能否促进区域经济增长,大致有两种观点。一类认为,高速铁路对区域经济增长仅有短期影响,从长期看,由于线路布局、建设成本和环境成本等各个方面的因素,开通高速铁路地区区域经济增长有所下降。另一类认为,高速铁路对站点地区经济增长具有长期与持久性(Ahlfeldt 和 Feddersen,2017;张梦婷等,2018)。例如,阿尔菲特(Ahlfeldt,2010)验证了市场可达性与德国区域经济增长的因果关系。随后,阿尔菲特和费德森(Ahlfeldt 和 Feddersen,2018)利用双重差分的方法,研究连接科隆和法兰克福的德国高铁的经济效应,利用研究区域内所有县与县之间由高铁所带来的双方运输成本的变化,来识别集聚力的强度及空间范围,并谨慎地估计出在考虑市场潜力时,产出弹性为12.5%。在旅行时间超过30分钟后,溢出空间强度下降50%,在超过200分钟时降至1%。研究结果进一步暗示相对于经济密度,每个工人输出的弹性为3.8%,虽然效果似乎是由于工人和企业选择所驱动的。

一部分学者研究了高速铁路带来的空间极化现象。早期的研究,例如佐佐木(Sasaki,1997)等建立了供给导向的区域计量模型进行仿真分析,结果表明日本新干线的建设对空间极化并没有不利影响。后来的学者大多否定了这一观点,认为高速铁路会导致空间极化现象的发生。蒙松(Monzón,2013)认为高速铁路建设会增加空间发展不平衡,导致更极化的空间发展模式,利用两种方法(效率及公平)来评价高速铁路对经济发展的影响,具体评估高速铁路带来可达性的大小和分布。

金与苏丹(Kim 和 Sultana,2015)研究了韩国2004—2014年铁路网延伸所带来的可达性以及空间公平性的变化。通过这一研究,表明路网扩大所带来的好处是否会被有限的高铁走廊及由于可达性不同而带来的区域发展不平等所抵消,评估了高铁路网拓展各阶段可达性及其空间分布的变化,采用加权平均旅行时间和潜在的可达性指标进行测量。结果表明,不同可达性对不同高铁车站的影响不同。可达性降低有利于改善区域不平衡的现象,但是倘若没有更多高铁路网建设,对区域不平衡的改善程度并不十分显著。随着旅行时间减少,沿首都汉城首尔附近的主要高速铁路走廊区域公平性在衰减。该研究与蒙松(Monzón,2013)的观点相同,同时认为高速铁路所带来的异质性在各个地区效应不同,高铁发展对区域的影响具有空间非公平性,但该文章没有对高速铁路带来极化效应影响的异质性进行深入的讨论,只是现象的描述。乌瑞尼亚(Ureña,2009)等认为,高速铁路连接核心区会对边缘区产生不利的影响,甚至产生极化效应。莫西诺(Mohino,2014)研究了高速铁路对于大都市区(马德里、伦敦、巴黎周围的区域)边缘区的影响,认为高速铁路最初目标是连接相距400—600公里的大城市,在大城市周边高铁站停靠的一些边缘区(到大都市区中心100公里)区域也融入大都市区,高速铁路对大都市区周边地区有着正向效应。

有关研究中国高速铁路建设对城市经济增长的文献,现有学者大多着重于研究高速公路的城市效应,例如,鲍姆斯诺(2012)利用中国1990—2010年数据,检验了交通设施对城市经济活动的影响,将县区分为边界行政中心城市和边缘县,验证交通对城市人口以及就业分散化的影响。该文章基于1962年历史城市数据,结果发现,每增加一条放射性的高速公路就会使得中心城区人口减少5%。环状道路、铁路里程、放射状铁路等其他交通方式对中国县区人口移动没有可测量到的显著影响。同时,该文章验证了交通基础设施对企业产出的影响,结果表明,放射性铁路以及高速公路对于企业产出具有显著的影响。每增加一公里铁路,会使得中心城区的制造业向边缘区迁移26%,环状道路有更加显著的影响,并且该影响随行业变化而变化。价值比率较低的行业更受影响。鲍姆斯诺(2015)研究了不同的交通基础设施对中国区域与城市经济增长的影响。通过区分区域与国家间交通设施的改善所带来的市场可进入性变化进而改变城市水平生产率,来估计改善城市基础设施对促进城市增长与重塑城市生产活动的影响程度。结果表明,区域经济一体化对经济增长有正向影响,但对于人口增长没有显著作用。改善港口的可达性促进了人口的增长。

高速铁路影响城市经济增长的机制,现有文献主要从三个角度展开:集聚、知识溢出和要素再分配。一是从集聚的角度,主要研究高速铁路开通对所在城市经济集聚的影响,但忽视了城市异质性(李红昌和胡顺香,2016;Shao等,2017;Ahlfeldt 和 Feddersen,2017;乔彬等,2019;李兰冰等,2019),对于非站点城市的研究较少。二是从知识溢出的视角,主要关注高速铁路通过什么机制产生空间溢出(Ollivier 等,2014;黄张凯等,2016;王雨飞和倪鹏飞,2016;龙玉等,2017),研究高速铁路地理距离衰减影响的文章并不多见。三是从要素再分配的角度,主要讨论高速铁路开通城市之间的分配效应,结论不一致,而且较少关注对未开通城市的影响(Qin,2017)。

二、高速铁路对区域经济差异的影响

时间距离(成本)取代了传统的空间距离(运输成本)被广泛地应用在研究者之中。由于高铁专门用于客运服务,提升了市场信息的可达性以及知识的传播。这种知识的溢出效应通过降低主体的交易成本而实现外部性知识扩散与劳动力市场匹配。

关于高速铁路设站对城市经济差异的影响,存在正反两方面的讨论。一种观点认为,高速铁路通车会扩大城市间的差异。例如,乌瑞尼亚(Ureña,2009)等认为高速铁路所连接的中心城市会对边缘城市产生不利影响,甚至产生极化现象。陈和霍尔(Chen 和 Hall,2012)研究了高速铁路建设是否会扩大还是缩小"中心—边缘"城市之间的差距问题。挑选了英国具有相似的产业轨迹和机会结盟的两地区数据,结论表明,高速铁路对于这两个地区的知识型产业发展的作用存在差异,对于中心区的转型升级刚刚发生,而边缘区转型能力较弱,说明高速铁路会扩大城市间的差异。从高速铁路带来可达性变化的效率与公平角度,蒙松(Monzón,2013)认为,高铁建设会增加区域空间发展的不平衡,导致更极化的空间发展模式。经过对法国案例研究,多米尼克(Dominique,2015)论证了高铁与空间不平等问题,建立简单的模型测量了高铁对于人均 GDP 与人口可能存在的正向效应,结论表明,高铁具有空间非公平性。金与苏丹(Kim 和 Sultana,2015)利用加权的旅行时间,测算了高速铁路带来可达性的变化,结果表明,可达性的改善对于改善区域不平衡有着不利影响,距离首尔较近的高速铁路带来的空间公平性在下降。从城市异质性角度,布鲁耶尔(Bruyelle,1994)认为高速铁路开通使得规模较大的城市受益,规模较小的城市具有负面影响。维克曼(Vickerman,2015)指出,高速铁路会缩短车站 200 km 以内的地区距离,对于通勤以及区域发展具有十分重要的意义。陈和霍尔(Chen 和 Hall,2012)认为,一小时内可达省会城市地区,其经济产出的影响较两小时内可达省会城市的地区更显著。

另一种观点认为,高速铁路不会导致城市间经济差异的扩大。佐佐木等(Sasaki 等,1997)建立了供给导向的区域计量模型对日本新干线进行仿真分析,结果表明,密集的日本高铁不会导致区域差异,对于区域分化并没有作用。奥尔特加(Ortega,2012)以西班牙加利西亚(Galician)高铁为例,认为可达性差异是造成区域经济发展不平衡的原因。汪德根(2015)估计了高速铁路对于长三角经济圈可达性的影响。结果表明,都市圈内高铁站点城市与非站点城市可达性均有所提高,站点城市成为时间收敛最大受益者,同时非站点城市的可达性也有所提高,但幅度小于站点城市。陶卓霖(2016)评估高速铁路对长三角地区陆路可达性的影响,认为高速铁路能缩小区域经济差异,上海发挥带动与辐射效应,带动经济发展水平较低的地区经济发展,但经济发展水平较高地区的经济潜力提升较快。

总体来看,目前对于高速铁路影响城市经济活动的文章,主要是将高铁引起城市差异,归结于可达性差异上,通过测算城市间加权平均旅行时间来评估个别城市的可达性变化(Kim 和 Sultana,2015)。然而,可达性差异只是反映了高速铁路效应的一个方面,旅行时间的变化仅仅是引致的需求,没有兼顾其他因素所造成的影响(Vickman,1999)。因此,现有文献很难区分在城市与城市之间的差异中,高速铁路究竟能够发挥多大的作用。

第三节 小 结

本章通过回顾古典区位论、新古典理论、新经济地理理论以及"新"新经济地理理论中关于交通与城市区位、城市经济活动的相关文献,梳理有关交通基础设施与城市经济互动理论的研究进展。古典经济学与新古典经济学的研究强调了交通基础设施对经济发展的重要作用,虽然着重于经济活动的空间维度,但缺乏内生化各因素影响的一般均衡分析,依然长期游离于主流新古典经济学之外。迪克西和斯蒂格利茨(Dixit 和 Stiglitz,1977)建立的 D-S 模型,为处理规模收益递增和不完全竞争问题提供了有效的技术工具,被认为是研究垄断与规模报酬递增有力的政策工具。在经济学领域掀起了关于规模收益递增与不完全竞争的激烈讨论,新经济地理学科由此出现。新经济地理学通过把贸易与区位理论相结合,打破了不完全竞争的理论僵局。克鲁格曼(Krugman,1991)综合了"冰山运输成本"与 D-S 模型,建立了核心边缘模型。该模型描述了空间集聚的机制,认为市场均衡是分散力与集聚力相互作用的结果。随后产生的"新"新经济地理学,使得微观主体具有主动的选择效应,强调了贸易成本对经济活动的空间布局的重要影响。

然而,现有文献在解释高速铁路问题上,仍存在以下不足:

第一,不论是传统经济学还是新经济地理学,均基于货物运输,高速铁路为运人的交通方式,不涉及运输费用。服务业快速发展成为经济主导部门,传统经济学和新空间经济学理论对服务业的空间分布缺乏很好的解释能力。

第二,高速铁路对城市群经济影响的机制研究。由于城市群存在规模经济外部性,高速铁路影响城市群内不同城市经济增长的机制更加复杂。目前,对这一问题的讨论没有得到充分的关注与认识。

第三，在城市群的界定方面，大多数文献从国家行政区划上来定义，结合城市开放属性，研究高速铁路的城市群边界突破效应的文献处于空白状态。忽略了城市之间联系的重要性，很容易将开通高速铁路后联系度较强的城市割裂开。

第三章
理论模型的构建：
高速铁路对城市经济活动的影响

第一节　自由企业家模型

与核心边缘模型类似,自由企业家(以下简称"FE")由奥塔维诺(Ottaviano,2001)、福斯里德(Forslid,1999、1995)提出,对 CP 模型假设进行了修改,认为模型存在需求关联的循环累积因果关系和成本关联的循环累积因果关系。假设可流动生产要素不能脱离要素所有者而单独流动,生产要素流动(指生产在 FE 模型中),生产要素和生产要素所有者不能分离,生产要素的流动同时伴随着所有者的流动,生产要素的流动导致消费支出的转移。假定流动要素把所有收入全部返回到流动要素原来的所在地。

假设存在两个区域,北部与南部,两个部门,贸易部门与非贸易部门,以及两种生产要素,资本 K 和劳动力 L,在偏好、技术条件、贸易开放程度和要素禀赋方面是对称的,L^w 和 K^w。基本假设如下：两个地区,北部和南部,两个地区在偏好、技术、交易水平、禀赋方面都相同;两个部门,农业部门(A)和工业部门(M);两种要素,人力资本或企业家(H)和工人(L)。效用函数,每个地区的消费者都有两个层面的效用函数,即总效用函数和子效用函数;总效用函数是指消费农产品和多样化的工业品时的效用函数,它用柯布-道格拉斯型效用函数来表示,子效用函数是指消费多样化的工业品时的效用函数,它用不变替代弹性(CES)函数来表示。效用函数如下：

$$U = C_M^\mu C_A^{1-\mu},\ C_M = \left(\int_0^{n^w} c_i^{(\sigma-1)/\sigma} \mathrm{d}i\right)^{\sigma/(\sigma-1)},\ 0<\mu<1<\sigma \tag{3.1}$$

企业家与工人名义收入分别用 w 和 w_L 表示,则可以分别写出间接效用函数:

$$\omega = wP, \ \omega_L = w_L P, \ P = p_A^{-(1-\mu)} P_M^{-\mu}, \ P_M = \left(\int_0^{n^w} p_i^{1-\sigma} \mathrm{d}i\right)^{1/(1-\sigma)} \quad (3.2)$$

$P = p_A^{-(1-\mu)} P_M^{-\mu}$ 是消费者生活成本指数,$P_M = \left(\int_0^{n^w} p_i^{1-\sigma} \mathrm{d}i\right)^{1/(1-\sigma)}$ 是消费者面对的工业品价格指数。为方便起见,用 $\Delta = \left(\int_0^{n^w} p_i^{1-\sigma} \mathrm{d}i\right)/n^w$ 表示消费者可消费的工业品价格的某个幂指数的平均值,则 $P_M = (\Delta n^w)^{1/(1-\sigma)}$。则,(3.3)可以写成:

$$\omega = w p_A^{-(1-\mu)} (\Delta n^w)^a, \ \omega_L = w_L p_A^{-(1-\mu)} (\Delta n^w)^a, \ a = \mu/(\sigma - 1) \quad (3.3)$$

工人在区域间不流动。区域工人数量相等,即 $L = L^w/2$。企业家或人力资本 H 的流动方程为:

$$\dot{s}_H = (\omega - \omega^*) s_H (1 - s_H), \ s_H = H/H^w \quad (3.4)$$

s_H 表示北部区域的人力资本份额,$s_n = s_H$。

一、短期均衡

短期内 s_H 给定;而在长期,H 流动,因此 s_H 内生。本研究得到工业品支出为 μE,其中 E 为收入水平,$E = wH + w_L L$。根据子效用最大化一阶条件,某一工业品 j 消费量 c_j,即:

$$c_j \equiv \mu E \frac{p_j^{-\sigma}}{P_M^{1-\sigma}} = \mu E \frac{p_j^{-\sigma}}{\Delta n^w}, \ \Delta n^w = \int_0^{n^w} p_i^{1-\sigma} \mathrm{d}i, \ E = wH + w_L L \quad (3.5)$$

在(3.5)中,p_j 为工业品 j 的价格,E 为总收入也是总支出,w 为人力资本工资水平,n^w 为企业总数或者工业品种类总数,w_L 为劳动力工资。生产产品 j 的企业,产出包括本地市场的需求以及外地市场需求,产品 j 企业的产出量为:$x_j = c_j + \tau c_j^*$。由于产品在南部与北部出售价格之比为 τ,进而得出(3.6):

$$p = \frac{w_L a_M}{1 - 1/\sigma}, \ p^* = \frac{\tau w_L a_M}{1 - 1/\sigma} \quad (3.6)$$

此时,工业品价格 $p=w_L a_M/(1-1/\sigma)$ 取决于不流动要素价格。经营利润即 $w=\pi$,而 $w=px/\sigma$。人力资本 H 的报酬可以写成:

$$w=px/\sigma=\frac{\mu}{\sigma}\frac{E^w}{n^w}\left[\frac{s_E}{s_n+\phi(1-s_n)}+\phi\frac{1-s_E}{\phi s_n+(1-s_n)}\right] \quad (3.7)$$

由式(3.7)及 Δ 的定义,即 $\Delta=p^{1-\sigma}[s_n+\phi(1-s_n)]$,$\Delta^*=p^{1-\sigma}[\phi s_n+(1-s_n)]$,$\Delta=s_n+\phi(1-s_n)$,$\Delta^*=\phi s_n+(1-s_n)$,令 $b=\mu/\sigma$。H^w 等于 n^w,$H^w=n^w$。企业利润函数为:

$$w=bB\frac{E^w}{H^w}, B=\frac{s_E}{\Delta}+\phi\frac{1-s_E}{\Delta^*}, \Delta=s_n+\phi(1-s_n), b\equiv\frac{\mu}{\sigma} \quad (3.8)$$

同理,南部企业利润函数也可以写成:

$$w^*=bB^*\frac{E^w}{H^w}, B^*=\phi\frac{s_E}{\Delta}+\frac{1-s_E}{\Delta^*}, \Delta^*=\phi s_n+(1-s_n), b\equiv\frac{\mu}{\sigma}$$
$$(3.9)$$

给定人力资本分布模式 s_H,可得市场份额的分布模式。

本研究首先求总支出,总支出等于总收入,也就是 E^w 等于 $w_L L^w$ 加上企业家全体的收入,后者又等于总经营收入,也就是(3.8)和(3.9)表示的企业经营利润的总和,即:

$$\begin{aligned}E^w&=w_L L^w+H^w[s_n w+(1-s_n)w^*]\\&=w_L L^w+H^w\left[s_n bB\frac{E^w}{H^w}+(1-s_n)bB^*\frac{E^w}{H^w}\right]\\&=w_L L^w+bE^w[s_n B+(1-s_n)B^*]\end{aligned} \quad (3.10)$$

而 $s_n B+(1-s_n)B^*=1$,所以:

$$E^w=\frac{w_L L^w}{1-b} \quad (3.11)$$

接着本研究讨论北部的支出,类似于总支出,它可以表示为:
$E=s_L w_L L^w+s_n H^w w=s_L w_L L^w+bBE^w s_n$,同时 $s_n=s_H$,所以:

$$s_E=(1-b)s_L+bBs_H, s_E\equiv\frac{E}{E^w}, s_L\equiv\frac{L}{L^w}, s_H=\frac{H}{H^w} \quad (3.12)$$

随后本研究进行标准化处理。将单位劳动生产的农产品作为价格和工资的度量，则 $a_A=1$。使 $a_m=1-1/\sigma$、$n^w=1$、$H^w=1$、$n=H$、$L^w=1-b$。

$$p=1, p^*=\tau, p_A=p_A^*=w_L=w_L^*=1, n^w\equiv n+n^*=1,$$
$$H^w\equiv H+H^*=1, n=H=s_n=s_H,$$
$$n^*=H^*=s_H^*=1-s_n, L^w=1-b, E^w=1 \tag{3.13}$$

标准化处理可以大大简化本研究的模型，并且使表达式更为简捷。

二、长期均衡

当人力资本不流动时，实现长期均衡。均衡条件为：

$$\omega=\omega^*, 当 0<s_n<1$$
$$s_n=0, 或 s_n=1 \tag{3.14}$$

本研究对实际收入比值取对数，则：

$$\frac{\omega}{\omega^*}=\frac{wP}{w^*P^*}=\frac{BP}{B^*P^*}=\frac{Bp_A^{-(1-\mu)}P_M^{-\mu}}{B^*p_A^{*-(1-\mu)}(P_M^*)^{-\mu}}=\frac{B}{B^*}\left(\frac{\Delta}{\Delta^*}\right)^{-\mu/(1-\sigma)}=1$$

$$\ln\frac{\omega}{\omega^*}=\ln\frac{B}{B^*}-\frac{\mu}{1-\sigma}\ln\frac{\Delta}{\Delta^*}=\ln\left(\frac{s_E\Delta^*+\phi(1-s_E)\Delta}{\phi s_E\Delta^*+(1-s_E)\Delta}\right)+\frac{\mu}{\sigma-1}\ln\frac{\Delta}{\Delta^*}=$$

0，由此：

$$\ln\left(\frac{s_E\Delta^*+\phi(1-s_E)\Delta}{\phi s_E\Delta^*+(1-s_E)\Delta}\right)+a\ln\frac{\Delta}{\Delta^*}=0, a=\frac{\mu}{\sigma-1} \tag{3.15}$$

(3.15)为人力资本实际收入相同时 s_n 与 s_E 的相互关系。本研究先模拟一下这两条曲线。首先根据(3.14)，模拟 EE 曲线。先考虑几种特殊的情形。在 $s_n=0$ 时，$s_E=(1-b)/2$；在 $s_n=1$ 时，$s_E=(1+b)/2$。在 $\phi=1$ 时，s_n 与 s_E 之间变成了一种线性关系；在 $\phi=0$ 时，$s_E=s_L$，此时 s_E 与 s_n 不相关。

三、自由企业家模型基本结论

（一）本地市场放大效应

自由企业家模型结论证明了本地市场放大效应。在 $s_n>1/2$、$s_E>1/2$ 的

区域内本研究考虑的是当北部产业份额与支出份额都大于 1/2 时,可以得到:

$$\ln\frac{s_E(1-s_n)}{(1-s_E)s_n}+a\ln\frac{s_n}{1-s_n}=0 \Rightarrow \ln\frac{s_E}{1-s_E}=(1-a)\ln\frac{s_n}{1-s_n}$$

$$\Rightarrow \frac{s_E}{1-s_E}=\left(\frac{s_n}{1-s_n}\right)^{1-a} \quad (3.16)$$

又 $s_n>1/2$, $s_E>1/2$,所以 $s_n/(1-s_n)>1$,$s_E/(1-s_E)>1$;又 $a=\mu/(\sigma-1)>0$,所以 $1-a<1$,因此有:

$$\frac{s_n}{1-s_n}>\left(\frac{s_n}{1-s_n}\right)^{1-a}=\frac{s_E}{1-s_E} \Rightarrow \frac{1-s_n}{s_n}<\frac{1-s_E}{s_E} \Rightarrow s_n>s_E$$

(3.17)

因此当 $s_n>1/2$,$s_E>1/2$,都满足 $s_n>s_E$ 的条件,存在本地市场放大效应,支出份额的区际转移要求更大份额的生产转移,也就是支出份额的增加会导致产业份额更大比例的增加。

(二)内生非对称

自由企业家模型的第二个结论即为内生的非对称。当贸易自由度变大时,集聚力得到增强。初始对称空间结构转变为非对称的 CP 结构。当 FE 模型部分非对称内部均衡结构,不是长期稳定的均衡结构。

(三)循环累积因果关系

自由企业家模型的第三个结论即为循环累积因果。要素流动转移伴随着所有者的转移,因此生产转移带来支出转移,也就是说,市场规模变大,存在与需求关联的循环累积因果关系。

(四)突发性聚集

自由企业家模型的第四个结论为突发性聚集特征,对称分布的突破点和完全聚集的维持点,任何贸易自由度的微小变化会引起突发性的空间结构变动。

(五)区位黏性

自由企业家模型的第五个结论为区位黏性。当经济系统受到临时冲击或者政策发生变化时,生产区位影响常常是滞后的,即原有区位模式具有很强的黏性,存在路径依赖。

(六)驼峰状聚集租金

自由企业家模型的第六个结论为驼峰状聚集租金。FE 模型中的聚集租金

也是贸易自由度 ϕ 的凹函数。把 $s_n=1$, $s_E=(1+b)/2$ 代入(3.16),得到完全集聚情况下南北资本实际收益率与潜在资本实际收益率的比值,对此比值取对数,则:

$$\ln\frac{2\phi}{[(\phi^2-1)(1+b)+2]\phi^a} = -\ln\frac{[(1+b)\phi^2+(1-b)]\phi^a}{2\phi}$$
$$= -\ln\left(\frac{1-b}{2\phi}+\phi\frac{1+b}{2}\right)\phi^a \quad (3.18)$$

当 $\phi=1$ 时,上式的值为 0;(3.18)中,当 $\phi=\phi^S$ 时,上式值等于 0;当 $\phi^S<\phi<1$ 时,上式值为正;当 $\phi=\sqrt{\phi^B}$ 时,上式达到最大值。聚集租金显示出驼峰形。

（七）叠加区和自我实现的预期

由于 $0<\phi^S<\phi^B<1$,流动要素预期的变化,可能导致产业分布的大变动。

第二节 局部溢出模型

局部溢出模型区分知识的本地溢出与外地溢出,认为本区资本存量的溢出效应影响本地,区外资本存量对本地的溢出效应随着距离的增大而减小。资本生产成本受到经济系统资本存量空间分布的影响,最终结果是,均衡时的经济增长与同区位有关。以北部为例,则局部溢出模型的资本生产成本假设如下:

$$F=w_L a_1, \quad a_1=1/(K^w A), \quad A=s_K+\lambda(1-s_K) \quad (3.19)$$

其中,$\lambda\in[0,1]$。区际间的知识溢出仅限于公共知识,λ 反映公共知识在空间溢出的难易程度,λ 越大,传播就越容易,外区的知识溢出到本区时衰减的就越少,A 也就越大,新资本生产成本就越小;λ 越小,则溢出的障碍越大,外区的知识溢出到本区时衰减的就越多,A 就越小,新资本生产成本就越大。

对于私人知识资本,本研究仍然假设它在区域间不能自由流动。由于私人知识资本专门用于新产品的生产和新企业的创建,所以私人知识资本的数量等于企业数量(因为每种差异化产品的生产需要一单位资本作为固定成本)。根据该假设,$s_n=s_K$、$s_n^*=s_K^*$,其中 s_K 和 s_K^* 分别表示北部和南部私人知识资本所占份额。

局部溢出模型与 FE 模型一样,具有如下基本特征:一是本地市场放大效应;二是循环累积因果关系;三是内生的非对称;四是区位黏性;五是驼峰状聚集租金。

第三节 垂直联系模型

贸易成本是决定聚集与分散的一个主要原因。随着贸易成本越来越低,从市场扩大效应上看,贸易越来越自由(开放程度高),发散力逐渐变小以至于消失。同时从生产成本效应上看,聚集力的强度也逐渐削弱。当贸易成本很高时,发散力强于聚集力,当贸易成本逐渐降低,发散力下降的速度快于聚集力下降的速度。当贸易成本处于某一水平时,集聚力强于发散力,所有工业最终集聚到某一区域。初始完全对称的区域,贸易成本的下降最终使两区域不平衡。垂直联系模型的机制在于,由经济在不完全竞争市场上企业的投入产出关系产生。

根据 Venables(1996),本研究构建高速铁路如何影响上下游企业行为进而影响地区产业集聚。首先,根据 Dixit 和 Stiglitz(1977)、Krugman(1980)、Helpman 和 Krugman(1985),构建不完全竞争厂商的垄断竞争模型。假设任何一个行业允许企业在两个区位进行活动,且在两个区位进行供给。产业 k 在 i 地区与 j 地区的需求函数分别为:

$$x_{i,i}^k = (p_i^k)^{-\varepsilon^k}(P_i^k)^{\varepsilon^k-1}e_i^k \tag{3.20}$$

$$x_{i,j}^k = (p_i^k c_p^k)^{-\varepsilon^k}(P_j^k)^{\varepsilon^k-1}e_j^k \tag{3.21}$$

$x_{i,i}^k$ 表示产业 k 在区位 i 生产,在 j 地区出售的产出量。$x_{i,j}^k$ 表示产业 k 在区位 i 生产,在 i 地区出售的产出量。p_i^k 是产业 k 在区位 i 的产品价格。ε^k 是指对某一产品的需求弹性,$\varepsilon^k > 1$。$p_i^k t^k$ 表示从 i 地区进口的商品价格,与上文相同,t^k 表示包括时间成本在内的从价贸易成本。P_i^k 表示 i 地区的产品价格指数,该价格指数的函数形式为:

$$(P_1^k)^{1-\varepsilon^k} = (p_1^k)^{1-\varepsilon^k}n_1^k + (p_2^k t^k)^{1-\varepsilon^k}n_2^k$$

$$(P_2^k)^{1-\varepsilon^k} = (p_1^k t^k)^{1-\varepsilon^k} n_1^k + (p_2^k)^{1-\varepsilon^k} n_2^k \tag{3.22}$$

其中,下角标1,2表示不同地区的价格指数。n_i^k 表示产业 k 在 i 地区的数量。根据 Venables(1996),企业在两个区位进行生产,产业 k 在两个区位的分布 ν^k 取决于相对生产成本 ρ^k,相对支出 η^k 以及相对贸易成本 t^k,其函数形式为:

$$\nu^k = \frac{\eta^k \left[(t^k)^{\varepsilon^k} - (\rho^k)^{\varepsilon^k}\right] - t^k \left[(\rho^k)^{\varepsilon^k} - (t^k)^{-\varepsilon^k}\right]}{\left[(t^k)^{\varepsilon^k} - (\rho^k)^{-\varepsilon^k}\right] - \eta^k t^k \left[(\rho^k)^{-\varepsilon^k} - (t^k)^{-\varepsilon^k}\right]} = g^k(\rho^k, \eta^k, t^k) \tag{3.23}$$

假设存在两类企业,上游企业 a 与下游企业 b,企业 a 为企业 b 提供中间产品,对上游企业的需求来源于下游企业,上下游企业间存在着需求联系。同时,下游企业的成本取决于上游企业,上下游企业间存在着成本联系。上下游企业成本与需求联系的存在使得下游企业的相对生产成本 ρ^b 与相对支出 η^b 内生,在这里,下游企业的成本 ρ^b 度量了企业的成本联系,上游企业 η^a 度量了企业的需求联系。定义劳动力的相对工资 $\omega = \frac{w_1}{w_2}$。上游企业 a 只使用劳动力,因此,相对生产成本 ρ^a 等于相对价格,即:

$$\rho^a = \bar{\omega} \tag{3.24}$$

下游企业 b 使用劳动力以及上游企业的产出。利用 Ethier(1982)的文章,本研究将企业 a 产出加入企业 b 的成本函数中去,构建企业 b 的成本函数为:

$$c_i^b = w_i^{1-\mu}(P_i^a)^\mu \quad i=1,2 \quad \rho^b = \left(\frac{c_2^b}{c_1^b}\right) = \bar{\omega}^{1-\mu}\left(\frac{P_1^a}{P_2^a}\right)^\mu \tag{3.25}$$

上式表明,企业 b 的成本函数取决于相对成本以及所在区位的价格指数,而相对成本取决于工资与上游产业 a 的价格指数,上游产业 a 的价格指数取决于产业 a 的成本以及市场上竞争者的个数。由于 $\left(\frac{P_2^K}{P_1^K}\right)^{1-\varepsilon^k} = \frac{(t^k)^{1-\varepsilon^a} + (\rho^k)^{-\varepsilon^k}\nu^k}{1+(t^k)^{1-\varepsilon^k}(\rho^k)^{-\varepsilon^k}\nu^k}$,将其代入(3.24)(3.25),换掉脚注,得出(3.26):

$$\rho^b = \bar{\omega}^{1-\mu}\left[\frac{(t^a)^{1-\varepsilon^a} + \bar{\omega}^{-\varepsilon^a}\nu^a}{1+(t^a)^{1-\varepsilon^a}\bar{\omega}^{-\varepsilon^a}\nu^a}\right]^{\mu/1-\varepsilon^a} \equiv h(\bar{\omega}, \nu^a, t^a) \tag{3.26}$$

(3.26)说明了上下游企业间存在着成本联系,下游企业成本是上游企业区位的函数,下游企业 b 的成本取决于相对工资 $\bar{\omega}$,上游企业的相对分布 ν^a 以及上游企业的贸易成本 t^a。解该式可以看出,企业 b 的相对成本与相对工资 $\bar{\omega}$ 成正比,与上游企业 a 的相对分布 ν^a 成反比。当上游企业较多,下游企业 b 的相对成本较低,这一效应的大小取决于贸易成本 t^a。上下游企业存在的需求联系可以证明:

$$\eta^a \equiv \nu^b \tag{3.27}$$

即下游企业 b 的需求来源于消费者支出。当放松假设,消费者支出内生时,对上游企业 a 的需求来源于下游企业 b。因此,上游企业 a 在任何区位的支出使得下游企业 b 在相同的区位有固定的份额。利用(3.24)(3.25)(3.27),可以得出上下游企业在区位1与区位2的相对分布,见(3.28):

$$\nu^a = g^a(\bar{\rho}^a,\ \eta^a,\ t^a) = g(\bar{\omega},\ \nu^b,\ t^a)$$
$$\nu^b = g^b(\bar{\rho}^b,\ \eta^b,\ t^b) = g[h(\bar{\omega},\ \nu^a,\ t^a),\ \bar{\eta}^b,\ t^b] \tag{3.28}$$

从上式可以看出,上游企业 a 的相对分布取决于与企业 b 的需求联系,下游企业 b 的相对分布取决于企业 a 的成本联系。因此,企业 a 与企业 b 的最优区位取决于两种力量——上下游企业的成本联系与需求联系。并且这一联系在不同的运输成本下,作用不同。当贸易成本较高时,上下游厂商必须在不同的区位进行生产,以满足最终消费者需求。当贸易成本开始下降,拥有较多上游企业的地区,下游企业面临的成本较低,吸引更多的下游企业厂商入住,为上游企业提供了更大的市场,因此,降低的贸易成本可以引起集聚,并且在多个区位发生。当贸易成本降到很低($t<1$)时,分散力占主导地位,企业降低了距离最终消费地较近的需求,不能维持工资的差异。回应工资差异的产业重置将在分散力的作用下达到均衡。这种分散力的产生取决于工资差异或者最终需求。

第四节 高速铁路对城市经济活动的影响机理

一、从古典运输成本到冰山运输成本

在古典经济学时代,运输成本的高低是"斯密定理"发挥作用的重要限制性

条件。工业革命使得运输成本发生了很大的变化。从1890—1910年,运输部门的实际成本下降到了1/10。工业革命以前的粮食(吨/公里)运输成本大约相当于4—5千克粮食的价格。伴随着铁路等长途运输方式的出现,1910年粮食(吨/公里)的运输成本下降到了0.1千克粮食的价格。

马歇尔作为一个跨时代的人物,一方面开创了新古典研究程序并集其大成,形成以"完全竞争"为前提和以"均衡价格论"为核心的经济学理论体系,但另一方面清楚地认识到了经济系统的动态性质,试图在其一般均衡框架之中处理报酬递增现象,从而继承了古典经济学的劳动分工思想。但是运输成本存在会给新古典经济学带来难以处理的难题。如果存在运输成本,那么距离远的人会比距离近的人支付更多的成本,意味着地理、自然条件就会在客观上塑造出一定的垄断的地位。新古典经济学将运输成本视作同生产成本毫无区别的一般成本,又将地理空间和距离占主导地位的国际贸易理论视作比较成本的差异,新古典经济学方法论的创新便将区位、空间和运输成本从现实中剔除掉了。此后,阿罗-德布鲁模型以及斯塔雷特(Starrett,1978)提出了"空间不可能性定理"之后,运输成本的说法便彻底在主流经济学中失去了应有的地位。

20世纪90年代兴起的新经济地理理论第一次成功地将长期被主流经济学家所忽视的空间因素纳入一般均衡分析框架之中,并通过被广泛接受的数学模型,从微观角度来研究经济活动的空间分布规律,解释现实中存在的不同规模、不同形式的空间集聚机理。理论界从古典区位论关注以运输距离为依据的运输费用到新经济地理学关注冰山成本,空间成本的内涵和外延不断拓展。从古典经济学的李嘉图的两个国家、两类特征、两种商品的自由贸易模型,到"新"新贸易理论的异质性企业和不完全竞争模型,空间成本已经从一个可以忽略的因素上升为"国际宏观经济学六大难题"之一(Obstfeld,2000)。

二、引入时间成本

托伯勒(Tobler,2004)把距离作为地理学第一定律的第一变量。地理学家将地理空间中的距离区分成直线距离、运输距离、经济距离、时间距离等。人类始终不遗余力从事交通运输以克服空间距离,完善和提高在空间位移方面的能力,克服相同自然阻力付出的时间代价越来越小,导致两地之间的时间距离趋短。这种变化过程也是经济地理学关注的一大焦点。

随着近年来城市交通问题日益严重,对于时间距离的研究受到重视,如李文翎等(2008)、赵东平(2003)对广州城市交通时间距离的研究。随着地区交通的网络化,不少学者也在通过时间成本关注不同地区交通可达性的空间格局,如曹小曙等(2005)、吴威等(2007)利用各种数理和GIS方法分析单一交通方式、多种交通方式以及综合交通运输的区域交通可达性情况;朱杰(2007)的研究则将交通时间成本和传统势能模型相结合,勾画了区域城市经济区影响区的范围。

时间距离可以被看作是人类从事经济活动克服空间距离所付出的时间代价。随着综合交通的发展,人们越来越重视时间成本,交通发展的问题也越来越表现为时间距离问题。与时间距离相对应的,是交通时间成本。由于每个出行者的个人偏好和出行条件不同,会产生不同的交通时间成本。

影响出行时间成本变化的主要因素包括以下三个方面:一是收入对交通时间成本的影响。针对个体出行者来说,其个人收入的高低会对出行方式的选择产生影响。个人收入高的出行者倾向于选择速度较快而舒适的交通工具,因而交通时间成本比较昂贵;个人收入低的出行者一般会选择出行费用较便宜的运输工具或者更倾向于步行或骑自行车;二是出行目的对交通时间成本的影响。从出行目的分析,居民出行通常可分为工作出行和非工作出行。不同的出行目的对单位时间价值的影响是不一样的。通常情况下,因工作目的或计划工作期间出行的时间节省价值要高于非工作目的或非工作期间的相应节省价值。但在某些特殊情况下的非工作出行,比如遇到交通事故等情况需要紧急就医的,其时间节省价值就要远远高于一般工作出行的时间节省价值;三是出行方式对交通时间成本的影响。机会成本即是有限的资源被用于特定用途而放弃的在其他各种可能用途上的最大收益。同一出行方式下的选择对于高工资收入者的机会成本更大。这是因为在相同的出行时间条件下,高工资收入者从事事情的选择范围往往大于低收入者,高工资收入者有可能放弃的经济效益也会更大,故高收入者比低收入者在同一出行方式下的机会成本会更大一些。不同收入人群一般采用不同的交通出行方式,长距离工作出行、收入较高的出行者倾向于选择高速、舒适而费用较高的交通工具,如小汽车;而较低收入者则会选择费用相对较低而速度较慢的交通工具,如自行车等。

除了上述三种主要的影响因素外,还有一些其他因素,如出行距离的长短,交通服务质量包括出行的行驶时间、等待时间、公共汽车到站的间隔时间、迟到、换车时间、轿车寻找车位、延误影响等,这些时间都有各自不同的成本。

通过对影响交通时间成本因素的研究和分析,出行者交通时间成本的具体模型构造如下:

$$\alpha = m\eta\mu$$

$$c = \alpha(time/60)$$

$$C_p = c_p d = d\alpha(time/60) \tag{3.29}$$

在(3.29)中,α 为分方式、分目的出行的单位小时时间价值(元/时);m 为出行者的人均小时工资(元/时);η 为不同出行目的的价值比值;μ 为分方式出行的价值比例系数;$time$ 为某天的人均出行时间(分/天);c_p 为某年的人均出行时间成本(元/天);C_p 为某年的人均交通总成本(元/年);d 为某年中的人均出行实际天数(天/年)。

与其他交通方式相比,高速铁路运人的费用较高,但时间距离缩短,因而其交通时间成本的高低,取决于个体收入、出行目的、交通距离等方面。是否选择高速铁路交通方式,与乘客节省时间的机会成本有关。因此,定义厂商在产品生产与销售过程中的总成本函数为:

$$TC_{HSR} = C_g + C_P \tag{3.30}$$

在(3.30)中,TC_{HSR} 为高速铁路方式下的厂商总成本,C_g 为产品生产与销售过程中涉及的总运输费用成本。C_P 主要是指与产品生产与销售服务有关的人力资本流动成本。

三、引入时间成本的核心边缘模型

新经济地理学最开始是在 DS 垄断竞争模型(dixit 和 Stiglitz,1977)的基础上发展起来的。在 DS 框架内,依照 Helpman(1998),Redding 和 Sturm(2008),Redding 和 Turner(2015),本研究构建模型,说明交通基础设施建设对空间经济活动的影响。假设经济存在大量代表性消费者 $\bar{L}$,消费者可以自由流动,消费者每人拥有一单位的初始禀赋,劳动无弹性供给无弹性零负效用。每个区位 i 的有效劳动供给取决于 i 地区的消费者数量(L_i)与通勤技术水平(b_i),这里通勤成本符合冰山运输成本。对于任何一单位在区位 i 的劳动力,只有 b_i 单位可以被生产,剩下 $1-b_i$ 部分在运输途中被损耗掉。b_i 取决于均衡时的人口。

假设1:经济体中存在两个地区,开通高速铁路的地区 i 与未开通高速铁路的地区 j,两地区在均没有高速铁路开通的初始条件下具有相同的偏好与技术水平。

假设2:存在两个部门 tr 与 $nontr$,两部门分别生产"可贸易产品"与"不可贸易产品"。第一种产品,在规模效应递增以及不完全竞争条件下,被可贸易部门生产出来,生产要素在地区之间可以自由流动。第二种产品,在规模效应递增以及不完全竞争条件下,被不可贸易部门生产出来,生产要素在地区之间不可流动。可贸易部门的工资在地区之间存在差异,因此在可贸易部门生产的工人可以视实际工资的高低由低工资区向高工资区流动。

假设3:运输存在两种形式,高速铁路运输方式与非高速铁路运输方式。非高速铁路运输方式主要运输货物,高速铁路主要运输劳动力。假设劳动力与货物的运输均遵循"冰山"交易成本。定义 c_p 为产品生产中所支付所有成本,包括运输产品的成本 τ_g 以及与产品服务有关的时间成本 τ_p:

$$c_p = \tau_g + \tau_p \tag{3.31}$$

运送1单位的货物,必须运送 c_p 部分,因为 $1-c_p$ 会由于产品在运输中存在的冰山成本而融化掉。高速铁路运输方式会改变时间成本 τ_p,当 $\Delta \tau_p < 0$,说明高速铁路会带来时间成本的减少。

(一)消费者行为

本研究根据雷丁和特纳(Redding 和 Turner,2014),假设消费者都具有相同的多样化偏好,消费者效用函数用不变替代函数(CES)来表示。函数形式为:

$$U = C_{tr}^{\mu} H_{notr}^{1-\mu} \tag{3.32}$$

(3.32)中,C_{tr} 表示在可贸易部门的消费指数,H_{notr} 表示不可贸易部门的消费指数。μ 为可贸易产品支出占比。根据藤田等(Fujita 等,1999),C_{tr} 的函数形式为:

$$C_{tr} = \left[\int_0^{n_i} c_i^{(\sigma-1)/\sigma} d_i \right]^{(\sigma-1)/\sigma} \tag{3.33}$$

(3.33)中,σ 为替代弹性,$\sigma > 1$。定义产品由地区 i 运送至地区 j,并在地

区 j 进行出售的价格 p_j 为：

$$p_j = p_i c_p \tag{3.34}$$

(3.34)中，p_i 为产品在地区 i 的出售价格。c_p 为考虑产品运输成本与时间成本后的总成本，包括从生产地 i 运送至目的地 j，并出售在地区 i 以外地区的所有成本。定义 n_i 为地区 i 生产产品的种类，根据 Fujita 等(1999)，地区 j 的价格指数 G_j 为：

$$G_j = \left(\sum n_i (p_i a)^{1-\sigma}\right)^{1/1-\sigma} \tag{3.35}$$

同理，地区 i 的价格指数 G_i 为：

$$G_i = \left(\sum n_i p_i^{1-\sigma}\right)^{1/1-\sigma} \tag{3.36}$$

根据藤田等(1999)对消费者需求的定义，应用谢泼德引理，求导出目的地 j 对生产地 i 的产品需求函数 x_j 为：

$$x_j = \mu Y_j \frac{(p_i a_{ij})^{-\sigma}}{G_j^{1-\sigma}} \tag{3.37}$$

(3.37)中，Y_j 为地区 j 的总收入，由于没有储蓄，地区收入与地区产出相等。同理，在生产地 i 生产，并在生产地 i 进行消费的产品需求函数 x_i 为：

$$x_i = \mu Y_i \frac{p_i^{-\sigma}}{G_i^{1-\sigma}} \tag{3.38}$$

（二）生产者行为

假设所有地区工业产品均有相同的生产技术，由于规模经济、消费者对差异产品的偏好以及存在无限差异产品，没有一家厂商会选择与别的厂商生产同类产品。可贸易部门每生产一单位的产品，需要固定投入与可变投入。根据雷丁和特纳(2014)，定义地区 i 生产产品所需要的劳动投入 l_i 为：

$$l_i = F + \frac{x_i}{A_i} \tag{3.39}$$

(3.39)中，厂商所需要的固定投入为 F，地区 i 的生产率为 A_i，想要生产出 x_i 单位的产品，需要 l_i 单位劳动力的投入。定义地区 i 厂商支付给工人的工资

为 w,产品出售的价格为 p_i,则利润函数为:

$$\pi = p_i x_i - w\left(F + \frac{x_i}{A_i}\right) \tag{3.40}$$

将(3.40)进行变形,地区 i 产品的需求可以写成 $x_i = k p_i^{-\sigma}$,构造拉格朗日函数分别对 p_i 与 x_i 进行求导,得出的两个式相除约掉 λ,而后将 $x_i = k p_i^{-\sigma}$ 代入求解,地区 i 厂商利润最大化时的价格为:

$$p_i = (\sigma/\sigma - 1)\left(\frac{w_i}{A_i}\right) \tag{3.41}$$

(三) 短期均衡

经济体中只有两地区,因此地区 i 企业在地区 i 与地区 j 的均衡价格为:

$$p_i = (\sigma/\sigma - 1)\left(\frac{w}{A}\right) \quad p_i^* = (\sigma/\sigma - 1)\left(\frac{w}{A} a_{ij}\right)$$

地区 j 企业在地区 i 与地区 j 的均衡价格为:

$$p_j = (\sigma/\sigma - 1)\left(\frac{w^*}{A} a_{ij}\right) \quad p_j^* = (\sigma/\sigma - 1)\left(\frac{w^*}{A}\right)$$

直接对上式 x_i 进行求导得均衡时需求量为:

$$\bar{x}_i = \sum x_i = A_i F(\sigma - 1) \tag{3.42}$$

将(3.42)代入(3.39)可得市场出清时的劳动投入:

$$\bar{l}_i = \sigma F \tag{3.43}$$

均衡时,劳动力在空间分布上是给定的。根据式(3.37)与 i、j 企业均衡价格,可以得出地区 i 企业在地区 i 与地区 j 的可贸易工资方程:

$$\left(\frac{\sigma}{\sigma - 1} \frac{w_i}{A_i}\right)^{-\sigma} = \frac{1}{x_i} \mu Y G_i^{\sigma - 1} \quad \left(\frac{\sigma}{\sigma - 1} \frac{w_i}{A_i} a_{ij}\right)^{-\sigma} = \frac{1}{x_i} \mu Y G_i^{\sigma - 1} \tag{3.44}$$

同时,根据(3.42)与 i 企业、j 企业的均衡价格,可以得出地区 j 企业在地区 i 与地区 j 的可贸易工资方程:

$$\left(\frac{\sigma}{\sigma-1}\frac{w_i^*}{A_i}a_{ij}\right)^{-\sigma} = \frac{1}{x_i}\mu Y^* G_j^{\sigma-1} \quad \left(\frac{\sigma}{\sigma-1}\frac{w_i^*}{A_i}\right)^{1-\sigma} = \frac{1}{x_i}\mu Y^* G_j^{\sigma-1}$$

(3.45)

从(3.38)与(3.45)解出关于地区产出 Y 的函数,地区 i 企业在地区 i 与地区 j 的产出函数为:

$$Y = x_i \frac{1}{\mu}\left(\frac{\sigma}{\sigma-1}\frac{w_i}{A_i}\right)^\sigma G_i^{1-\sigma} \quad Y^* = x_i \frac{1}{\mu}\left(\frac{\sigma}{\sigma-1}\frac{w_i^*}{A_i}a_{ij}\right)^\sigma G_i^{1-\sigma}$$

(3.46)

地区 j 企业在地区 i 与地区 j 的产出函数 Y^* 为:

$$\overline{Y} = x_j \frac{1}{\mu}\left(\frac{\sigma}{\sigma-1}\frac{w_j}{A_j}a_{ij}\right)^\sigma G_j^{1-\sigma} \quad \overline{Y} = x_j \frac{1}{\mu}\left(\frac{\sigma}{\sigma-1}\frac{w_j^*}{A_j}\right)^\sigma G_j^{1-\sigma} \quad (3.47)$$

(四)时间成本变化与城市产出效应

在众多的贸易文献中,主要注重在货物的流动上。高速铁路的经济效应研究中,必须考虑由"人",尤其是劳动力流动带来交易成本的变化,"人"的运输主要考虑时间机会成本与交通费用在家庭总支出所占的份额(Redding 和 Turner,2015)。新经济地理学认为,资本与劳动力在区域之间的流动受到实际工资差异的影响,但在传统的新经济地理学研究中,没有考虑到劳动力要素转移中时间价值所发挥的作用。地区 i 的有效劳动力供给受到地区劳动力投入 L_i 及两地之间劳动力流动速度 λ 的影响。两地区劳动力流动速度越强,开通高速铁路后地区 i 拥有的劳动力供给就越多。本研究定义未开通高速铁路时初始劳动力供给为 l^*,开通后劳动力数量为 l,定义 λ 为劳动力流动的速度,由于劳动力运输存在"冰山"交易成本,因此:

$$l = \lambda dl^* \qquad (3.48)$$

地区间劳动力流动速度取决于两地间流动相对时间价值与通勤成本之间的权衡:

$$\lambda = \exp\left(\frac{timevalue}{c_p}\right) \qquad (3.49)$$

(3.49)中,$timevalue$ 表示地区 i 至地区 j 的相对时间价值。c_p 表示地区 i

至地区 j 的时间成本。最优相对时间价值表示在一段距离内相对时间减少最多以及收益增加最多。(3.49)表明,开通高速铁路带来劳动力流动速度的快慢受到地区 i 到地区 j 之间相对时间价值与时间成本之间权衡的影响。两地之间时间的价值越高,劳动力越倾向于流动,劳动力流动速度越快。相反,两地之间的时间成本越高,劳动力流动的倾向越小,劳动力流动的速度越慢。因此,相对时间价值与时间成本的最优组合,反映了劳动力流动速度的快慢。

上式定义的关键在于劳动者偏好相对时间价值最优的交通工具,同时,劳动者又希望成本最小化,因此高速铁路开通对劳动力流动速度的影响随劳动力时间价值与运输成本之间关系的变动而变动。劳动者流动倾向随着时间成本的增加而减少,但是劳动者流动倾向随着相对时间价值的增加而增加,具体表现在:第一,高速铁路的主要乘客类型大多为商务、访谈、会议等形式为主的高端商务人士,这类旅客一般对于时间价值具有较强的偏好,高速铁路这一交通方式的产生,提高了旅客出行的便捷度与频率,降低了时间成本,增加了相对的时间价值,加快了贸易与资本流动的速度,也增加了劳动力的流动倾向。第二,高速铁路连通了规模较小的城市,使得小城市企业有更多的机会面对面地观察与学习其他区域企业不同的生产过程的机会,更易获得更多的"软信息"(Petersen 和 Rajan,2002;Loughran,2008),降低了小城市与大城市之间的时间成本,促进了小城市优质劳动力更多向大城市流动,产生更多的溢出。

使用雷丁和特纳(Readding 和 Turner,2014)关于地区总产出的定义,均衡时的开通高速铁路地区 i 的产出 Y_i 等于可贸易产品的劳动收入加上不可贸易产品的支出之和:

$$Y_i = w_i \lambda_i d_i L_i + (1-\mu)Y_i \tag{3.50}$$

(3.50)中,$(1-\mu)Y_i$ 为不可贸易产品在地区 i 的产出,将(3.50)整理得出地区 i 的产出为:

$$Y_i = \frac{w_i \lambda_i d_i l_i}{\mu} \tag{3.51}$$

(3.51)中,$\lambda_i d_i$ 衡量了由于开通高速铁路带来的劳动力流动对地区产出的影响。由于 $\lambda > 0$,$d > 0$,w_i 与 L_i 大于 0,因此 Y_i 是劳动力流动速度 λ_i 与劳动力通勤成本增函数。同理,在未开通高速铁路的地区 j 的总产出 Y_i 为:

$$Y_j = \frac{w_i^* l_i^*}{\mu} \tag{3.52}$$

因此,两地区产出水平的差异为:

$$Y_i - Y_j = \frac{\lambda_i d_{ij} w_i l_i - w_i^* l_i^*}{\mu} \tag{3.53}$$

将(3.51)代入(3.52)得:

$$Y_i - Y_j = \frac{(\lambda_i^2 d_{ij}^2 w_i - w^*)_i l_i^*}{\mu} \tag{3.54}$$

从(3.54)中,本研究可以看出,开通高速铁路会导致产出在开通与未开通地区发生变化,该变化的大小取决于两地区之间的工资水平 $w_i - w^*$,两地劳动力的运输成本 d,以及劳动力的流动速度 λ。当 $\lambda_i^2 d_{ij}^2 w_i > w^*$ 时,$Y_i > Y_j$。即当 $\lambda^2 > 1$,$d_{ij}^2 > 1$,$w_i > w^*$ 时,$Y_i > Y_j$。由于劳动力冰山成本的假说,因此 $d_{ij} > 1$,所以,当 $\lambda^2 > 1$,$w_i > w^*$ 时,$Y_i > Y_j$。

(3.51)变为反映开通高速铁路地区的企业 i 在地区 i 与地区 j 产出情况的(3.55)(3.56):

$$Y_i = \frac{w_i \lambda_i d_i l_i}{\mu} = x_i \frac{1}{\mu} \left(\frac{\sigma}{\sigma-1} \frac{w_i}{A_i} \right)^\sigma G_i^{1-\sigma} \tag{3.55}$$

$$Y_i^* = \frac{w_i^* l_i^*}{\mu} = x_i \frac{1}{\mu} \left(\frac{\sigma}{\sigma-1} \frac{w_i^*}{A_i} a_{ij} \right)^\sigma G_i^{1-\sigma} \tag{3.56}$$

从(3.55)(3.56)可以得到,要使得企业 i 在地区 i 的产出大于地区 j 需要满足的条件。可以看出,地区 i 的产出大于地区 j,需要满足 $w_i \lambda_i d_i > w_i^*$,$Y_i > Y_i^*$。比较(3.55)(3.56)等号右边的关系,可以发现,当 $w_i > w_i^* a_{ij}$ 时 $Y_i > Y_i^*$,因此,得出企业 i 在开通高速铁路地区获得产出增加的条件为 $w_i \lambda_i d_i > w_i^*$ 或 $w_i > w_i^* a_{ij}$。

同理,要使得未开通高速铁路地区企业 j 在地区 i 的产出大于地区 j,得到反映未开通高速铁路地区的企业 j 在地区 i 与地区 j 产出情况的(3.55)(3.56)变为:

$$Y_j = \frac{w_j \lambda_j d_j l_j}{\mu} = q_i \frac{1}{\mu} \left(\frac{\sigma}{\sigma-1} \frac{w_j}{A_j} a_{ij} \right)^{\sigma} G_j^{1-\sigma} \qquad (3.57)$$

$$Y_j^* = \frac{w_j^* l_j^*}{\mu} = q_i \frac{1}{\mu} \left(\frac{\sigma}{\sigma-1} \frac{w_j^*}{A_j} \right)^{\sigma} G_j^{1-\sigma} \qquad (3.58)$$

从(3.57)(3.58)可以看出,要使得开通高速铁路企业 j 在地区 i 大于地区 j,需要满足 $w_i \lambda_i d_i > w_i^*$ 且 $w_i a_{ij} > w_i^*$,因此,企业 j 在开通高速铁路地区获得产出增加的条件为 $w_i \lambda_i d_i > w_i^*$ 且 $w_i a_{ij} > w_i^*$。

四、引入时间成本的自由企业家模型

借鉴斯里德和奥塔维诺(Forsliod 和 Ottaviano,2003)提出的自由企业家模型,本研究拓展模型,把交易成本引入到城市内部(包括把本区的商品出售到另外地区的运输成本以及人为的制度成本等全部成本),这样交易成本既存在于城市之间(区际交易成本),又存在于城市内部(区内交易成本)。认为高速铁路建设,通过影响了企业家流动的速度,进而影响了企业家在城市与城市之间的交易成本,从而改变了市场规模。跟上文假设相同,定义 c_p 为产品生产中所支付所有成本,包括运输产品的成本 τ_g 以及与产品服务有关的时间成本 τ_P:

$$c_p = \tau_g + \tau_p \qquad (3.59)$$

运送1单位的货物,必须运送 c_p 部分,因为 $1-c_p$ 由于产品在运输中存在的冰山成本而融化掉。高速铁路运输方式会改变时间成本 τ_P,当 $\Delta \tau_P < 0$,说明高速铁路会带来时间成本的减少。

(一)模型假设

在FE模型中,生产要素主要是人力资本或企业家。可流动要素不能脱离要素所有者单独流动,生产要素的转移会引起消费支出的转移,消费支出的转移会引起区际市场规模的变化,这种变化在本地市场效应的作用下,进一步引起生产要素的流动,产生循环累计因果。同时,生产要素的流动取决于区际资本实际收益率的差异,不同区域产品生产能力对当地价格水平产生影响。人力资本份额较高、生产要素份额较大的区域,由于对外输入产品种类较少,消费者支付的交易成本较少,对于人力资本所有者具有较强的吸引力。

模型包括两个地区(开通地区 i 和未开通地区 j)、两种要素(劳动者和企业家)、两种生产部门(可贸易部门 tr,不可贸易部门 $notr$)。农业部门以完全竞争和规模收益不变为特征,区内或区际农产品贸易是无成本的。制造业部门以 DS 垄断竞争为特征,交易活动遵循"冰山"交易技术,且在区内既存在交易成本,也存在区际交易成本。假设工业企业生产的固定投入和可变投入包括人力资本与普通劳动力。

(二)城市内交易成本和城市间交易成本

假定区内生产的商品出售给区内居民的成本为区内交易成本。城市内交易成本受到城市内交通连通性的影响。假设 τ_d 为城市交通连通性较好地区的交易成本,τ_d^* 为连通性较差地区的区内贸易成本,c_p 为城市间的交易成本。τ_d、τ_d^* 与 c_p 遵循运输成本加时间成本的形式。城市内交易成本与城市间的交易成本均与地区的交通基础设施质量水平有关。假设两地区可以国内共享有利于本地区的城市间高速铁路设施。因此,城市间的交易成本相同。

(三)消费者行为

假设消费者都具有相同的多样化偏好,消费者效用函数用不变替代函数(CES)来表示。函数形式为:

$$U = C_{tr}^{\mu} H_{notr}^{1-\mu} \tag{3.60}$$

在(3.60)中,C_{tr} 表示可贸易部门的消费指数,H_{notr} 表示不可贸易部门的消费指数。μ 为可贸易产品支出占比。其中,C_{tr} 的函数形式为:

$$C_{tr} = \left[\int_0^{n_i} c_i^{(\sigma-1)/\sigma} d_i \right]^{(\sigma-1)/\sigma} \tag{3.61}$$

(3.61)中,σ 为替代弹性,$\sigma > 1$。产品在两地区所需要的成本,遵循"冰山"形式,该成本包括产品在两地之间交换所付出的所有成本总和。假设产品(服务)由地区 i 运送至地区 j,并在地区 j 进行出售的价格 p_j 为:

$$p_j = p_i c_{p,ij} \tag{3.62}$$

(3.62)中,p_i 为产品在地区 i 的出售价格。$c_{p,ij}$ 为城市间的交易成本。包括产品从生产地 i 运送至目的地 j,并出售至地区 i 以外地区的成本。根据 Fujita 等(1999),地区 j 可贸易品的价格指数 G_j 为:

$$G_{j,tr} = \left(\int_{j=0}^{n^w} (p_i c_p)^{1-\sigma} d_j \right)^{1/1-\sigma} \tag{3.63}$$

同理，地区 i 可贸易品的价格指数 G_i 为：

$$G_{i,tr} = \left(\int_0^{n^w} p_i^{1-\sigma} d_i\right)^{1/1-\sigma} \tag{3.64}$$

根据藤田等（1999）对消费者需求的定义，应用谢泼德引理，求导出目的地 j 对生产地 i 的需求函数 x_j 为：

$$x_j = \mu Y_j \frac{(p_i c_p)^{-\sigma}}{G_j^{1-\sigma}} \tag{3.65}$$

(3.65)中，Y_j 为地区 j 的总收入，由于没有储蓄，地区收入与地区产出相等。同理，在生产地 i 生产，并在生产地 i 进行消费的产品需求函数 x_i 为：

$$x_i = \mu Y_i \frac{p_i^{-\sigma}}{G_i^{1-\sigma}} \tag{3.66}$$

（四）生产者行为

假设所有地区工业产品均有相同的生产技术，由于规模经济、消费者对差异产品的偏好以及存在无限差异产品，没有一家厂商会选择与别的厂商生产同类产品。可贸易部门每生产一单位的产品，需要固定投入与可变投入，则利润函数为：

$$\pi = p_i x_i - w(F + a_m x_i) \tag{3.67}$$

将(3.67)进行变形，地区 i 产品的需求可以写成 $x_i = k p_i^{-\sigma}$，构造拉格朗日函数分别对 p_i 与 x_i 进行求导，得出的两个式相除约掉 λ，而后将 $x_i = k p_i^{-\sigma}$ 代入求解，地区 i 厂商利润最大化时的价格为：

$$p_i = (\sigma/\sigma-1) a_m w \tag{3.68}$$

当每个企业生产一种多样化产品，每个企业把1单位人力资本作为固定投入，每单位产出需要 a_m 单位劳动力，因此地区 i 企业的成本函数为：

$$c_i = \omega + \omega_L a_m x_i \tag{3.69}$$

地区 i 企业家与劳动力的名义收入分别为：

$$\omega_i = w_i G_i$$

$$\omega_{i,L} = w_{i,L} G_i \tag{3.70}$$

同理,地区 j 企业家与劳动力的名义收入分别为:

$$\omega_j = w_j G_j = w_j \tau^{1-\sigma} G_i$$

$$\omega_{j,L} = w_{j,L} G_j = w_{j,L} \tau^{1-\sigma} G_i \tag{3.71}$$

其中,$G_i = G_{i,notr}^{-(1-\mu)} G_{i,tr}^{-\mu}$,反映消费者生活成本指数。定义 $G_{i,tr}$ 的均值为 Δ,因此:

$$\Delta = \int_0^{n^w} p_i^{1-\sigma} d_i)^{1/1-\sigma} / n^w \tag{3.72}$$

根据(3.63)(3.64),故 $G_{i,tr} = (\Delta n^w)^{1/1-\sigma}$。地区 i 企业家与劳动力的名义收入可以改写为:

$$\omega_i = w G_{i,notr}^{-(1-\mu)} (\Delta n^w)^{-\mu/1-\sigma}$$

$$\omega_{i,L} = w G_{i,L} p_{notr}^{-(1-\mu)} (\Delta n^w)^{-\mu/1-\sigma} \tag{3.73}$$

(3.73)中,同理,地区 j 企业家与劳动力的名义收入为:

$$\omega_j = w G_{i,notr}^{-(1-\mu)} (\Delta n^w)^{-\mu/1-\sigma} c_p^{1-\sigma}$$

$$\omega_{j,L} = w G_{i,L} p_{notr}^{-(1-\mu)} (\Delta n^w)^{-\mu/1-\sigma} c_p^{1-\sigma} \tag{3.74}$$

由于人力资本充当了资本的作用,因此企业利润就是企业家的报酬,即 $\omega = \pi$,根据 ottaviano(2002)与(3.77)(3.81),企业家在地区 i 的报酬为:

$$\omega_i = p_i x_i / \sigma = p_i \left(\mu Y_i \frac{p_i^{-\sigma}}{\Delta n^w} \right) / \sigma \tag{3.75}$$

可证明,$\Delta = (p_i)^{1-\sigma} [s_n + \phi(1-s_n)]$[①]。由于 $n^w = H^w$,整理(3.75)得:

[①] $\Delta = \left(\int_0^{n^w} p_i^{1-\sigma} d_i \right)^{1/1-\sigma} = n p_i^{1-\sigma} + n^* p_j^{1-\sigma}$,由于 $\phi = \tau^{1-\sigma}$,且 $p_i = \tau_r p_j$。因此,$\Delta = \left(\int_0^{n^w} p_i^{1-\sigma} d_i \right)^{1/1-\sigma} = n p_i^{1-\sigma} + n^* \phi(p_j)^{1-\sigma}$。得:$\Delta = \int_{i=0}^{n^w} p_i^{1-\sigma} d_i^{1/1-\sigma} = p_i^{1-\sigma} [n w^{1-\sigma} + n^* \phi w^{*1-\sigma}]$ 又 $n = S_n n^w$,假设 $\Delta = \int_{i=0}^{n^w} p_i^{1-\sigma} d_i^{1/1-\sigma} = n^w p_i^{1-\sigma} [S_n w^{1-\sigma} + \phi(1-S_n)(w^*)^{1-\sigma}]$,将本地生产标准化为1,得 $\Delta = \int_{i=0}^{n^w} p_i^{1-\sigma} d_i^{1/1-\sigma} = n^w [S_n + \phi(1-S_n)]$

$$\omega_i = (\mu/\sigma)\frac{Y_i}{H^w}\left(\frac{1}{s_{n,i}+\phi(1-s_{n,i})}\right) \tag{3.76}$$

(3.76)中,令 $\frac{1}{s_{n,i}+\phi(1-s_{n,i})}=N_i$,$\mu/\sigma=a$,则变为:

$$\omega_i = a\frac{Y_i}{H^w}N_i \tag{3.77}$$

同理,可以证明,$\frac{1}{\phi s_{n,j}+(1-s_{n,j})}=N_j$,企业家在地区 j 的报酬为:

$$\omega_j = a\tau_r^{1-\sigma}\frac{Y_j}{H^w}N_j \tag{3.78}$$

借用奥塔维诺(Ottaviano,2002)关于城市市场总产出的定义,城市总产出等于劳动力总收入加上企业家创造的收益,因此,城市总产出的公式为:

$$Y_i = \omega_i L_i + \omega H \tag{3.79}$$

在(3.79)中,$\omega_i L_i$ 为劳动力收入,ωH 为企业家的全体收益。

(五)时间成本的变化与城市市场规模效应

众多的贸易文献都十分注重货物的流动。高速铁路的经济效应研究中,必须考虑由"人",尤其是人口流动带来交易成本的变化,"人"的运输主要考虑时间机会成本与交通费用在家庭总支出所占的份额(Redding 和 Turner,2015)。城市的许多属性,如工资、失业率和房价都会对"人"流动产生影响(Fair,1972;Pissarides 和 McMaster,1990),经济因素是吸引"人"流动的最主要因素(张莉等,2017)。

企业家流动速度反映了城市内的时间成本,而城市内的贸易成本又与城市交通连通性有关。城市交通连通性较强,说明该城市内时间成本较低,企业家可以更加便利地到达城市内部各地区,企业家流动所需要的时间越短。流动速度快有利于城市各地间的经济交流活动,如信息发布、市场准入、资本流动在该城市发生,扩大了城市的市场规模。定义城市交通连通性为 d,取决于城市内交通时间成本,因此:

$$d = \frac{1}{\tau_d} \tag{3.80}$$

d 表示城市交通连通性，τ_d 表示城市内时间成本。$0 < \tau_d < 1$，因此 $d >$ 1。当城市内交通时间成本较低，说明城市交通连通性越大，企业家在城市内进行流动的速度越快，更有利于在同样时间内获得更多的利润。因此，在初始条件（未开通高速铁路）下，企业家在连通性较好的地区 a 与连通性较差的地区 b 之间报酬分别为：

$$\omega_{i,a} = da \frac{Y_{i,a}}{H^w} N_i \tag{3.81}$$

$$\omega_{i,b} = ac_p^{1-\sigma} \frac{Y_{i,b}}{H^w} N_i \tag{3.82}$$

开通高速铁路地区，企业家在城市之间的交流更加便利，加快了城市间流动的速度，为企业家在开通高速铁路的地区获取了更好的利润。两地区企业家流动速度越快，越有利于资本的流动，获得更多的利益。本研究定义未开通高速铁路时企业家初始利润为 ω，开通后企业家利润变为 ω^*，企业家的利润存在"冰山"形式，定义 λ 为企业家利润的"冰山"交易成本，企业家只能获得 $\eta\omega$ 单位的利润，因为 $\eta - 1$ 部分由于企业家在流动中存在的时间成本而被"融化"掉：

$$\omega = \eta\omega^* \tag{3.83}$$

为研究由于连通性不同而引起的高速铁路市场规模效应的差异，本研究讨论四种不同情况。定义地区 i 为未开通高速铁路。开通与未开通高速铁路地区的市场规模分别 Y_i, Y_j，则 Y_i, Y_j 的表达式为：

$$Y_i = w_{i,L} L_i^w + \omega_i H_i$$
$$Y_j = w_{j,L} L_j^w + \omega_j H_j \tag{3.84}$$

第一种情况，根据 (3.82)(3.83)(3.84)，在初始情况下（未开通高速铁路），连通性较好的地区 a 与连通性较差的地区 b 的市场规模分别为：

$$Y_{i,a} = \frac{\omega_{i,a} L_{i,a}}{1 - da S_{n,i,a} N_i} \tag{3.85}$$

$$Y_{i,b} = \frac{\omega_{i,a} L_{i,a}}{1 - a\tau_r^{1-\sigma} S_{n,i,b} N_i} \tag{3.86}$$

第二种情况,根据(3.82)(3.83)(3.84),在开通高速铁路后,连通性较好的地区 a 与连通性较差的地区 b 的企业家报酬为:

$$\omega_{j,a} = da\eta \frac{Y_{j,a}}{H^w} N \tag{3.87}$$

$$\omega_{j,b} = ac_p^{1-\sigma} \frac{Y_{j,b}}{H^w} N \tag{3.88}$$

在开通高速铁路地区中,连通性较好地区与较差地区的市场规模分别为:

$$Y_{j,a} = \frac{\omega_{j,a} L_{j,a}}{1 - da\eta S_{n,j,a} N_j} \tag{3.89}$$

$$Y_{j,b} = \frac{\omega_{j,b} L_{j,b}}{1 - ac_p^{1-\sigma} S_{n,j,b} N_j} \tag{3.90}$$

根据(3.89)(3.90),开通高速铁路前后,连通性好与差的地区市场规模的差异为:

$$Y_{j,a} - Y_{i,b} = \frac{\omega_{j,a} L_{j,a}}{1 - da\eta S_{n,j,a} N_j} - \frac{\omega_{i,a} L_{i,a}}{1 - ac_p^{1-\sigma} S_{n,i,b} N_i} \tag{3.91}$$

由于劳动者在同一地区中面临相同的工资水平,故 $\omega_i = \omega_j$。从(3.91)中,开通高速铁路前后,两地区的市场规模差异取决于:两地区劳动力数量 L,交通连通性 d,人力资本的市场份额 S_n。

因此,得出结论1:开通高速铁路能否对城市总产出发挥作用,取决于城市的劳动力资源的丰富程度,城市交通连通性,及人力资本的市场份额。

开通高速铁路的地区 j 市场规模大于地区 i,需要满足的条件为 $\omega_a L_a > \omega_b L_b$,且 $da\eta S_{n,j,a} N_j < ac_p^{1-\sigma} S_{n,i,b} N_i$。由于劳动者在同一地区中面临相同的工资水平,故 $\omega_i = \omega_j$。因此,当 $L_a > L_b$ 且 $d < \frac{c_p^{1-\sigma}}{\eta} \frac{S_{n,i,b}}{S_{n,j,a}} \frac{N_i}{N_j}$ 时,开通高速铁路有利于市场规模的扩大。

当连通性较好地区的劳动力报酬大于连通性较差地区劳动力,且交通连通性与"冰山"交易成本的乘积小于两地之间的交易成本的 $-\sigma$ 倍时,交通连通性较好地区的市场规模大于较差地区。因此,当连通性较好地区的劳动力报酬大于连通性较差地区,且交通连通性小于两地之间的交易成本时,交通连通性较好地区的市场规模大于较差地区。

定义未开通高速铁路的市场份额为 S_Y,开通高速铁路后的市场份额为 S_Y^*,$S_Y^* = 1 - S_Y$。初始条件下,全部市场的总支出为:

$$Y^w = wL^w + wH^w = wL + H^w[S_n w_i + (1-S_n)w_j] \quad (3.92)$$

将(3.55)(3.61)代入,得初始条件下的总产出为:

$$Y^w = \frac{w_L L^W}{1-a} \quad (3.93)$$

开通高速铁路的效应,主要可以用(3.87)(3.88)(3.89)(3.90)表现出来,由于 $S_Y = \frac{Y}{Y^w}$,因此在开通高速铁路前后,在不考虑连通性的情况下,根据(3.85)(3.89),未开通地区与开通地区所带来的市场份额变化为:

$$S_Y = S_L * \frac{1-a}{1-daS_i N_i} \quad (3.94)$$

$$S_Y^* = S_L^* * \frac{1-a}{1-da\eta S_{n,j,a} N_j} \quad (3.95)$$

将(3.95)与(3.94)相减得:

$$S_Y - S_Y^* = (1-a) * \left(\frac{S_L^*}{1-da\eta S_{n,j,a} N_j} - \frac{S_L}{1-daS_i N_i} \right) \quad (3.96)$$

整理(3.96)式,得到开通高速铁路带来的市场规模增加条件为: $S_L^* > S_L$,$\eta < \frac{S_i N_i}{S_j N_j}$。因此,提出结论2,开通高速铁路能否带来开通地区市场份额的增加,取决于两地的劳动力份额,企业家交易成本以及城市间的人力资本份额比。当开通地区的劳动力份额大于未开通地区,且两地企业家的交易成本小于两地人力资本之比时,开通高速铁路能够带来开通地区市场份额的增加。

接下来,区别开通高速铁路前后,在连通性不同的地区,市场份额的差异为:

$$S_Y = S_L * \frac{1-a}{1-da\eta S_{n,j,a} N_j} \quad (3.97)$$

$$S_Y^* = S_L^* * \frac{1-a}{1-ac_p^{1-\sigma}S_{n,i,b}N_j} \qquad (3.98)$$

整理上述两式，得到开通高速铁路带来市场规模的增加在连通性高低不同地区的发生条件，当 $S_L^* > S_L$，$\eta < \frac{c_p}{d}\frac{S_i N_i}{S_j N_j}$。由于 $d = \frac{1}{\tau_d}$，因此 $S_L^* > S_L$，$\eta < c_p \tau_d \frac{S_i N_i}{S_j N_j}$。

因此，本研究可以得出结论3：开通高速铁路能否带来连通性较好地区市场份额的增加，取决于两地的劳动力份额，企业家交易成本，城市综合交通连通性，以及城市间的人力资本份额比。当开通且连通性较好的地区劳动力份额大于未开通地区，且两地企业家的交易成本小于两地人力资本之比与区内交易成本与区际交易成本的乘积时，开通高速铁路能够带来连通性较好地区市场份额的增加。

第五节 小 结

本章主要构建了高速铁路如何影响城市经济活动的理论机制，主要从以下两方面进行了研究与拓展。

第一，通过回顾新经济地理学中，自由企业家模型、局部溢出模型与垂直联系模型，构造高速铁路对城市经济活动研究的理论基础。从传统的外生经济增长到内生经济理论，强调知识资本或人力资本具有规模收益递增特征，随着资本的增加，溢出效应加强，人们更易于创造新的知识和技术，因而就不存在资本规模收益递减规律对经济增长的约束。

第二，基于核心边缘模型、自由企业家模型、垂直联系模型，引入时间成本的概念，构建高速铁路如何影响城市经济活动的理论模型。经过分析，得出理论结论如下四个方面：一是开通高速铁路会导致产出在开通与未开通地区发生变化，该变化的大小取决于两地区之间的工资水平差，两地劳动力的流动成本，以及劳动力的流动速度。当劳动力的流动速度大于1时，或开通高速铁路的地区工资大于未开通地区时，开通城市的产出会增加；二是设站地区产出的增加与相对时间价值及通勤成本有关,当相对时间价值大于通勤成本,且开通高速铁路的地区工资大于未开通地区时,开通城市的产出会增加;三是开通高速铁路能否对城市总产出发挥作用,取决于城市劳动力资源的丰富程度,城市交通连通性,以及人力资本的市场份额;四是开通高速铁路不一定能够带来连通性较好地区市场份额的增加,取决于两地的劳动力份额,企业家交易成本,城市综合交通连通性,以及城市间的人力资本份额比。当开通且连通性较好的地区劳动力份额大于未开通地区,且两地企业家的交易成本小于两地人力资本之比与区内交易成本与区际交易成本的乘积时,开通高速铁路能够带来连通性较好地区市场份额的增加。

第四章
高速铁路对异质性城市经济增长的影响

第一节 引　　言

　　我国是世界上高铁运营里程最长、列车开行数量最多的国家。截至2023年,高速铁路营运里程已达4.5万公里。高速铁路建设既定目标如下:2016年,国家铁路总公司在关于《城镇化地区综合交通网规划》中强调,京津冀、长三角、珠三角三大城市群基本形成城际交通网络,相邻核心城市之间、核心城市与周边节点城市之间实现"一小时"通勤圈,大部分核心城市之间、核心城市与周边节点城市之间实现"1—2小时"通勤圈。2016年,国家发改委颁布《中长期铁路网规划》,预计到2030年,基本实现内外互联互通、区际多路畅通、省会高铁连通、地市快速通达、县域基本覆盖。事实证明,截至2023年已达既定目标。

　　近年来,随着高铁网络的逐步铺开,各地对于高速铁路设站的规划布局及争夺成为高速铁路发展的重要议题。高速铁路开通,带来交往的便利性,加速了生产要素之间的流动。区域中心城市如上海、北京、广州与武汉对周边城市的吸引力均有所加强,在中国城市中的地位越发明显。但是,设站是否一定能带来经济增长,对所有设站城市经济增长的影响都是正面的吗？对于不设站的城市影响如何,带来经济增长的原因在哪里？都是需要研究的重要问题。

　　有关交通基础设施对设站城市与非设站城市经济活动影响的文章已有一些。新经济地理学通过运输成本、核心与边缘结构来解释交通基础设施改变对不同城市活动的影响(Helpman 和 Krugman,1985;Fujita 等,2001),城市经济学家阿隆索(Alonso,1964)和慕斯(Muth,1969)同样对通勤成本与经济集聚进行了解释。部分学者从重新分配要素障碍(Goldberg 和 Pavcnik,2007;Topalova,

2010)与资本流动角度,解释了交通基础设施对中心与边缘城市的不同影响。

在研究高速铁路设站对城市的影响效应时,学者的主要争论在于高速铁路设站对城市内部以及城市间差异的影响。一种观点认为,高速铁路通车会扩大城市间的差异。例如,乌雷尼亚等(Ureña等,2009)认为高速铁路所连接的中心城市会对边缘城市产生不利影响,甚至产生极化现象。陈和荷尔(Chen和Hall,2012)研究了高速铁路建设会扩大还是缩小"中心—边缘"城市之间差距的问题,该文章挑选了英国具有相似的产业轨迹和机会结盟的两地区数据,结论表明,高速铁路对于这两个地区的知识型产业发展的作用存在差异,其中对于中心地区转型升级提升较快,对于边缘地区的转型升级提升能力较弱,说明高速铁路会扩大城市间的差异。从高速铁路带来可达性变化的效率与公平角度,蒙松Monzón(2013)认为,高铁建设会加剧区域空间发展的不平衡,导致更极化的空间发展模式。多米尼克(Dominique,2015)通过对法国案例研究,论证了高铁与空间不平等问题,建立简单模型测量了高铁与人均GDP和人口之间可能存在的正向效应,结论表明,高铁建设具有空间非公平性。金姆(2015)利用加权的旅行时间,测算了高速铁路带来可达性的变化,结果表明,可达性改善对于区域均衡发展有着不利影响,距离首尔较近的高速铁路带来的空间公平性在下降。从城市异质性角度,布鲁耶勒(Bruyelle,1994)认为高速铁路开通使得规模较大的城市受益,对规模较小的城市具有负面影响。维克曼(Vickerman,2015)指出,高速铁路会缩短车站200公里以内的地区距离,对于通勤以及区域发展具有十分重要的意义。陈和荷尔(Chen和Hall,2012)认为,1小时可达省会城市地区,高铁对其经济产出的影响显著于2小时内可达省会城市的地区。

另一种观点认为,高速铁路不会导致城市间经济差异的扩大。佐佐木等(1997)建立了供给导向的区域计量模型对日本新干线进行仿真分析,结果表明,密集的日本高铁不会导致区域差异扩大,对于区域分化并没有作用。奥尔特加(Ortega,2012)以西班牙加利西亚(Galician)高铁为例,认为可达性差异是造成区域经济发展不平衡的原因。结果表明,在所考察的7个城市中,可达性都有所增大,但是这些城市中的可达性变异系数存在差异,有4个城市的可达性变异系数减小,3个城市增大。汪德根(2015)估计了高速铁路对于长三角经济圈可达性的影响,结果表明,都市圈内高铁站点城市与非站点城市可达性均有所提高,站点城市成为时间收敛最大受益者,同时非站点城市的可达性也有所提高,但幅度小于站点城市。陶卓霖(2016)采用加权平均出行时间、经济潜力和到上海出行时间三种可达性指标,评估高速铁路对长三角地区陆路可达性的影响,认为高速铁路能缩小区域经济差异,上海发挥带动与辐射效应,带动经济发展水平较低的地区经济发展,但经济发展水平较高地区的经济潜力提升较快。总体来看,目前对于高速铁路影响城市经济活动的文章,主要是将高铁引起城市差异,归结于可达性差异上,通过测算城市间加权平均旅行时间来评估个别城市的可达性变化(Kim,2015)。然而,可达性差异只是反映了高速铁路效应的一个方面,旅行时间的变化仅仅是引致的需求,没有兼顾其他因素所造成的影响(Vickman,1999)。因此,现有文献很难区分在城市与城市之间的差异中,高速铁路建设究竟能够发挥多大的作用。

第二节　影响机制和假说

交通基础设施改善加快了城市与城市之间人员的流动,人员流动会对城市经济发展产生影响(Vickerman et al,1999;Redding 和 Turner,2015)。然而,由于预期收益、预算限制、规划等方面的差异,高速铁路投资不均匀地分布在不同地区。高速铁路投资更多的(设站)地区可能会比投资较少(不设站)的地区受益更多。高速铁路设站与不设站如何影响地区经济产出,产生了正反两方面的结果。高速铁路开通通过以下机制,对设站地区产生影响:

第一,高速铁路影响了城市的聚集租金(李红昌和胡顺香,2016),对聚集租金的追求,是要素发生流动的主要原因,城市聚集租金的大小影响了城市对要素的吸引力,产生要素的集聚效应,进而影响了城市经济产出的变化。新经济地理学认为,当形成核心—边缘结构时,可流动要素对区位是有选择的,这种选择以"聚集租金"为主要目标。当高速铁路设站后,可以更快地到达其他设站目的城市,耗费的时间减少,城市间的贸易自由度上升,聚集租金减少,促使更多的要素资源流入,经济产出增加较多。

第二,高速铁路影响了企业之间面对面交流的可能性与灵活性,打破了知识溢出在空间范围上的限制。区域之间交易成本的下降,市场开放度的提高,贸易与资本流动速度的加快,很大程度上促进了知识的溢出(Coe 和 Helpman,

1995)。高速铁路主要是运载"人"的交通工具,而人是信息传播最有用的媒介,需要当面接触才能传播信息(黄张凯等,2016)。高速铁路设站地区有更多的机会面对面地观察与学习其他区域企业不同的生产过程,更易获得更多的"软信息"(Petersen 和 Rajan,2002;Loughran,2008;龙玉等,2017),本地企业利用其他地区溢出的知识进行学习的能力就会大大提高。产生正面的知识溢出效应,站点产出增加。

第三,高速铁路的客流主要以商务办公、休闲旅游、信息交流活动为主,因此,对不同产业、高技能与低技能劳动者吸引力方面存在差异。高速铁路降低了通勤成本,对于设站城市要素流入,产生了劳动力池效应,使得优质劳动力在高速铁路开通城市聚集,实现知识溢出与劳动力市场匹配,促进了优质企业在设站地区选址,有利于站点地区经济产出水平的增加。站点地区的零售、工业、建筑和批发等行业的就业增长率比其他地区高出 16%—24%,个别地区和行业高出 26%。

第四,新经济地理学认为,由于规模收益递增与贸易成本下降,任何厂商都有选择较大市场进行生产,任何人也有迁入大市场区的动因,存在本地市场效应(Krugman,1979)。对于市场规模较大的高速铁路设站地区,带来"本地市场效应",加快企业聚集的速度,对于站点城市企业产出的增加与城市经济增长,起到了重要的推动作用。

第五,对于设站地区之间,高速铁路打破了市场分割,带来边界突破效应,打破了城市的边界,将城市群的边界不断外溢,密切了城市群内部开通高速铁路站点各城市之间的联系,形成了围绕高速铁路站点的"一小时城市圈""两小时城市圈"。例如,以上海虹桥枢纽为起点,一小时内可达长三角各大重要城市、三小时基本可以全面覆盖长三角城市群,其中大部分可以通过高速铁路直达,2—5 小时对接全国和日韩等东南亚主要城市。长江中游高速铁路城市群中,联通武汉的"一小时"城市有 10 个,环绕武汉终将形成南昌、长沙、九江三大都市"一小时"快速铁路"高速公路网"经济圈,进一步稳定了武汉大都市经济圈层结构。在成渝双核一小时城市经济圈层中,成绵乐客运主线将以成都为中心的绵阳、乐山、德阳、眉山等 10 余座城市连成 300 公里长的一小时城市带;成渝高速铁路又串联起重庆及成渝两地之间 10 余个城市带,呈"T 字"架构的成渝一小时高速铁路城市带已经形成。

第六,交通基础设施会通过集聚导致空间交互作用规模扩大与效率提高,最终产生正向的生产率效应(Graham,2009)。高速铁路设站带来的外生冲击,减少了站点城市到其他城市的时间,扩大了市场范围,提高了分工与专业化水平,促进了地区生产率的提高,带来生产率正的增长效应(Shao 等 2017),产生负的"邻近"效应。企业对劳动力需求的增加会大于劳动力供给的增加,导致地区工资的上升,有利于城市分工与专业化水平的提升。

由于高速铁路设站带来的外生冲击,减少了站点城市到其他城市的时间,对于不设站的地区,只能到达站点城市进行换乘,方能到达目的地,相对于站点城市可达性降低,导致资源由可达性较低,市场规模较小,临近站点的非站点地区,流向资源由可达性较高,市场规模较大的站点地区,带来要素转移效应,导致周边非站点地区经济产出的变化。

造成要素转移效应的原因主要在于:首先,不设站地区,获取知识的交易成本较高,决定了城市与城市之间接触与交流的可能性与频率下降,产生负面的知识溢出效应;其次,不设站城市,通过换乘其他交通方式才能到达目的城市,耗费的时间增加,城市间的贸易自由度下降,聚集租金增加,造成要素资源流出,扩散效应占主要位置,城市经济产出减少;再次,不设站城市,劳动力要素流出,优质企业搬离交通不便利的非站点地区,不利于该地区经济产出水平的增加。研究

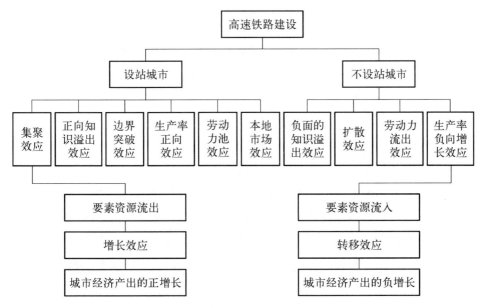

图 4.1　高速铁路影响城市经济产出增长的作用机理

表明,高速铁路站点城市人口和就业增长率高于未设站点城市;最后,不设站城市,缩小了市场范围,不利于城市分工与专业化水平的提高,具有生产率负的增长效应。

根据以上分析和第三章第五节的结论,本章检验以下三种假说:

假说1:开通高速铁路会导致产出在开通与未开通地区发生变化,该变化的大小取决于两地区之间的工资水平差,两地劳动力的流动成本,以及劳动力的流动速度。当劳动力的流动速度大于1时,或开通高速铁路的地区工资大于未开通地区时,开通城市的产出会增加。

假说2:设站地区产出的增加与相对时间价值及通勤成本有关,当相对时间价值大于通勤成本时,且开通高速铁路的地区工资大于未开通地区时,开通城市的产出会增加。

假说3:企业能够在开通高速铁路地区获得产出的增加,取决于增加两地工资与劳动力流动速度、劳动力运输成本、货物运输成本之间的关系。当 $w_i\lambda_i d_i > w_i^*$ 且 $w_i > w_i^* a_{ij}$ 时,开通高速铁路地区企业能在开通地区获得产出增加。当 $w_i\lambda_i d_i > w_i^*$ 且 $w_i a_{ij} > w_i^*$ 时,未开通高速铁路地区企业能在开通地区获得产出的增加。

第三节 模型设定、指标体系选择及描述性统计

一、计量模型的设定

要研究通高速铁路后是否有利于城市的经济发展,需要比较的是通高速铁路前后两个时间段经济产出的变化。影响一城市经济发展的因素有很多。更多的财政收入、人口与固定资产投资等理应对于城市经济发展有影响。同时,城市受到宏观经济政策,地理位置等条件限制,区位因素也必须考虑在内。一地区较快或较慢的经济增长,不一定是政策本身所引起的,也有可能是由于其他政策冲击以外的因素带来的。大型交通基础设施与城市经济发展存在着互为因果的联系,可以归因为高速铁路的开通带来的经济增长还是经济发展带来更多的铁路建设,解释这一问题非常有必要引入双重差分模型方法(difference in difference,以

下简称DID)。

DID模型,是自20世纪80年代以后,在国外经济学界兴起的一种专门研究政策效应的计量经济学方法,它将某一政策的影响视为一场"自然实验"。该方法通过将样本分为"实验组"(受影响)与"控制组"(不受影响),在控制掉一些因素后,得出政策发生前后"实验组"与"控制组"的差异,该差异就是政策所产生的效果。这种方法简单易用,回归方法成熟,相较于传统的估计方法,这类方法可以控制样本之间不可观测的个体异质性,又能控制随时间变化不可观测的总体影响,因而可以显著地解决政策作为解释变量带来的内生性问题,有效地控制被解释变量与解释变量之间的相互影响效应(陈林和伍海军,2015)。

本研究使用DID模型来估计高速铁路对不同城市经济产出的影响。应用DID模型的第一要务是明确样本是否符合进行双重差分条件。如果忽略了实验前测而直接采用DID法,会造成估计结果的偏差(Heckman等,1976)。实验前测分两步:一是随机性检验。即检验高速铁路设站选择的过程是否随机,如果有其他变量影响到一地区设立站点,那么剩下未被选择到的地区就不能构成有效对照组。从实际情况来看,某一县级城市是否选择设立高速铁路站点,不是随机的,与该地区经济发展水平、人口流动需求相关,是各个方面综合作用的结果。率先开通高速铁路的地区,主要为本身基础较好或人口较多的东部小城镇,随机性假设无法满足;二是同质性检验。即需要检验在高速铁路开通前后,"实验组"与"控制组"的经济产出是否有相同的变化趋势。假如没有高速铁路过境,样本所选取各地区经济产出不应存在差异。基于传统的经济收敛理论以及我国地区经济增长在东、中、西部有差异的事实,DID法的这一假定很可能无法满足。

针对上述DID法的实验前测结果,本研究使用赫克曼等(Heckman等,1976)提出并发展起来的倾向得分"匹配—双重"差分法(以下简称PSM-DID),帮助解决DID模型中不能满足的随机性与同质性假设。PSM-DID模型的使用原则是对城市是否开通高速铁路进行Logit回归,获得城市是否开通高速铁路的条件概率,即得到倾向得分。在确定为"实验组"的城市中,找到与"实验组"开通车站的概率相似,但是并没有开通高速铁路的观测对象,使用核函数进行匹配,匹配出的结果为"控制组"。最后,将"实验组"经济产出在高速铁路开通前后的变化减去"控制组"经济产出的变化,得到高速铁路的平均处理效应(ATT),该效应可以有效度量高速铁路对经济的影响。定义PSM-DID方法下的计量模型为:

$$Y_{i,t}^{psm\text{-}did}=\beta_0+\beta_1 HSR_{i,t}+\gamma T+\beta_2 HSR_{it}*T+\beta_3 X_{i,t}+\mu_i+\varepsilon_{i,t} \quad (4.1)$$

(4.1)中，t 为年份，$Y_{i,t}$ 表示城市 i 在 t 年的经济产出。$HSR_{i,t}$ 为 t 年是否开通高速铁路的虚拟变量，开通了高速铁路取值为1，未开通高速铁路取值为0。T 为时间虚拟变量，取1代表高速铁路开通前的年份，取0代表高速铁路开通后的年份。β_1 衡量了是否开通高速铁路在地区上的差异。γ 衡量了开通高速铁路前后在时间上的差异。交互项 $HSR_{it}*T$ 的系数 β_2 为本研究所关心的，是否开通高速铁路的效果，可以真正反映高速铁路在实验组与对照组的影响差异。μ_i 为地区固定效应，$\varepsilon_{i,t}$ 为残差项。$X_{i,t}$ 为根据(4.1)所选出的控制变量，这些变量影响了地区是否开通高速铁路，变量主要包括常住人口、固定资产投资存量、产业结构、城乡人均可支配收入、机场旅客吞吐量、各地级市高速公路通行以及"是否为东部城市""是否为西部城市"等城市区位因素。μ_i 为地区固定效应，ε_{it} 为残差项。

对于上述模型的机理解释如下。已经开通了高速铁路的城市（$HSR_i=1$），开通高速铁路前后经济产出的增长分别为 $\beta_0+\beta_1$ 与 $\beta_0+\beta_1+\gamma+\beta_2$，开通高速铁路的地区在高速铁路通车前后的变化幅度 $\Delta Y_t=\gamma+\beta_2$。同样的，未开通高速铁路的地区（$HSR_i=0$），开通高速铁路前后的经济产出增长为 β_0 与 $\beta_0+\gamma$。可见，没有开通高速铁路的地区在高速铁路通车前后经济产出的变化为 $\Delta Y_c=\gamma$。本研究分别将开通高速铁路城市（实验组）与未开通高速铁路城市（对照组）在高速铁路政策实施前后进行比较，得出各自增长率，这是第一重差分，但这种差分并没有包含开通高速铁路这项政策对经济产出的影响，因此，本研究用"实验组"在开通高速铁路前后的净效应 ΔY_t 减去"控制组"在开通高速铁路前后的净效应 ΔY_c，最终得到高速铁路政策的效应 $\Delta\Delta Y=\beta_2$，这是第二重差分，系数 β_2 为高速铁路对经济产出的真正效果。

表 4.1 DID模型中各个参数的含义

	高速铁路开通前 $T_i=0$	高速铁路开通后 $T_i=1$	差 异
开通高速铁路的城市（$HSR_i=1$）	$\beta_0+\beta_1$	$\beta_0+\beta_1+\gamma+\beta_2$	$\Delta Y_t=\gamma+\beta_2$

续 表

	高速铁路开通前 $T_i=0$	高速铁路开通后 $T_i=1$	差 异
未开通高速铁路的城市（$HSR_i=0$）	β_0	$\beta_0+\gamma$	$\Delta Y_c=\gamma$
差分			$\Delta\Delta Y=\beta_2$

二、空间尺度与时段

自2008年1月,我国第一条高速铁路——京津城际高速铁路开通以来,截至2014年底,我国经停的包括动车组列车在内的高速铁路车站共588个,途经安徽、福建、江苏、河南等22个省、自治区。根据肖等(Shaw等,2014)年对中国高速铁路发展阶段的界定,2012年是高速铁路建设的分水岭,2012年以前我国高速铁路处于缓慢发展阶段,开通高速铁路车站的数量较少,仅为174个,2012年以后,高速铁路建设进入快速发展阶段,新建了多条高速铁路线路。因此,本研究选取2012年为政策执行的时间节点,将2012年以前已开通高速铁路的城市作为"实验组",其他未开通的城市作为"控制组",考虑到2012年未开通高速铁路的城市很可能在2012年以后开通高速铁路,因此将研究期内2012年以后开通高速铁路的地区从"控制组"中删除,在控制一些因素后,得出高速铁路对不同地区产出作用的差异。本研究的研究时段为2008—2014年。同时,本研究通过剔除省会及以上级别的城市来控制内生性,同时,为满足PSM-DID的假设条件,本研究需要使用开通高速铁路前(2008年以前)的数据进行Logit回归,因此本研究的研究时段为2006—2014年,共获得17 820个观测值。

三、指标体系构建

依照PSM-DID模型方法的使用原则,本研究选取影响该地区是否开通高速铁路的控制变量。由于自然资源禀赋等条件,交通设施投资和人力资本存量等方面的差异,经济发展水平在沿海内陆地区差异很大。

城市是否开通了高速铁路受城市之间差异的影响,城市经济发展水平较高,各项交通基础设施更完善。城市经济发展的动力,主要源于城市各生产要素状况,区域位置等,因此城市收入水平、投资、产业结构、区位等均是用于衡量城市是否开通高速铁路比较合适的指标。对于计量模型所选取变量作如下说明:

城乡居民人均可支配收入:该指标是衡量城市发展水平的较为常用的指标之一(出处),本研究利用各地区城乡居民可支配收入的总额来衡量城市的收入。自经济学将产业结构纳入研究范畴以来,产业结构的变化就被视为城市经济的重要动力。

产业结构:地区差异导致城市经济发展水平的差异,在这中间,产业结构起到重要的作用。为避免第一、第二产业引入模型所引起的多重共线性,本研究计算第三产业增加值占比,用以衡量产业结构变化在地区间的差别。

常住人口:国家"十三五"规划指出,高速铁路建设的目标在于,惠及全国80%以上城区常住人口100万人以上的城市,本研究将某城市常住人口作为是否开通高速铁路的重要指标。

资本投资:该变量是驱动中国城市经济增长的动力,本研究使用固定资本存量的数据,该数据使用永续盘存法进行计算。参考张军等(2004)的研究结果,固定资本折旧率=4%。为消除物价对不同年份数据的影响,分别采用固定资本折算指数与 GRP 折算指数进行折算。上述指标所需的所有数据均来源于2007—2015 年的《中国区域经济年鉴》《中国县域年鉴》《中国城市年鉴》以及各省市年鉴与统计公报。

四、数据来源及描述性统计分析

(一)高速铁路数据的获取

根据课题组构建的交通数据库,有关高速铁路的数据主要包括"是否开通高速铁路""高速铁路线路开通时间""高速铁路站点名称""高速铁路车站经纬度"。高速铁路各项指标的获取过程为:首先,"高速铁路开通时间"与"站点名称"均来源于百度网络搜索。在网络上找到最新的高速铁路站点图,依次确认目前已经通车的每一条高速铁路的名称。利用百度搜索出每一条高速铁路对应的站点,以及该站的开通时间。其次,"是否开通高速铁路"是本研究所关心的核心变量,通过确定该城市是否开通高速铁路及其开通高速铁路的时间,可以筛选出"对照组"与"实验组",进而进行实证分析。利用 2007—2015 年《中国区域经济年鉴》《中国县域年鉴》《中国城市年鉴》以及各省市年鉴与统计公报,本研究将高速铁路站点所在县名称与各县基础数据按年份进行逐一匹配,匹配完成后,将匹配成功的县列为"实验组",取值为1,意为开通高速铁路站点的地区,未匹配成功的地区为"控制组",取值为0,意为未开通高速铁路站点的地区,最后将匹配完成后的各年份拼成完整的面板。最后,是"高速铁路车站经纬度"的获取。利用在线经纬度网站,找出站点对应的经纬度,所有的经纬度均使用百度地图标识的经纬度,而后将其在ArcGIS图中展现出来。

(二)地区生产总值数据的获取

一般来说,地区生产总值是最能反映城市经济情况的变量。本研究选择使用2006—2014年各县(市、旗)地区生产总值作为衡量城市经济增长的指标。对不同年份地区生产总值利用GDP平减指数进行平减,平减方法为以2006年为基期,使用前后两年的同比变化进行,即(当年价格/上年价格)*上年同比价格。倘若各县(市)GDP平减指数缺失,使用所在地级市的GDP平减指数进行替代,倘若各地级市GDP平减指数缺失,使用所在省份的居民消费价格指数进行替代。数据均来源于2007—2015年的《中国区域经济年鉴》《中国县域年鉴》《中国城市年鉴》以及各省市年鉴与统计公报。

(三)其他控制变量的获取

依照PSM-DID模型方法的使用原则与理论模型分析,本研究选取影响该地区是否开通高速铁路的控制变量。城市是否开通高速铁路受城市间差异的影响,城市经济发展水平较高,各项交通基础设施更完善。城市经济发展的动力,主要源于城市各生产要素状况、区域位置等,因此城市工资收入水平、投资、产业结构、区位等均是比较适用于衡量城市是否开通高速铁路的指标。对于计量模型所选取变量以及数据来源分别作如下解释:

第一,城乡居民工资水平是影响城市经济产出的主要因素,因此本研究利用各地区城镇职工平均工资来衡量城市的工资。本研究使用全国各县居民消费价格指数,以2006年为基期,使用同比变化(当年价格/上年价格)*上年同比价格进行换算。倘若各县(市)居民消费价格指数缺失,使用所在地级市的居民消费价格指数进行替代,倘若各地级市居民消费价格指数缺失,使用所在省份的居民消费价格指数进行替代。

第二,产业结构在地区的差异导致城市经济发展水平的差异,影响城市是否开通高速铁路。为避免第一、第二产业引入模型所引起的多重共线性,本研究计算第三产业增加值占比,用以衡量产业结构变化在地区间的差别。本研究使用各县(市)第三产业增加值指数进行平减,以2006年为基期,使用同比变化(当年价格/上年价格)＊上年同比价格进行换算。倘若各县(市)第三产业增加值指数缺失,使用所在地级市的第三产业增加值指数进行替代,倘若各地级市第三产业增加值指数缺失,使用所在省份的第三产业增加值指数进行替代。

第三,地区人口规模反映了城市经济活动的潜力,本研究使用年末总人口作为衡量城市人口规模的指标。同时,国家"十三五"规划指出,高速铁路建设的目标在于,惠及全国80%以上,城区常住人口100万人以上的城市,本研究将某城市常住人口,作为衡量城市市场规模的指标。

第四,资本投资是驱动中国城市经济增长的动力,本研究将固定资本存量纳入模型,该数据使用永续存盘法进行计算。参考张军等(2004)的研究结果,固定资本折旧率≈4%。为消除物价对不同年份数据的影响,分别采用固定资本投资折算指数,以2006年为基期,使用同比变化进行折算。倘若上述指数在各县(市)缺失,使用所在地级市指数进行替代,倘若各地级市指数缺失,使用所在省份指数进行替代。上述指标所需的所有数据均来源于2007—2015年《中国区域经济年鉴》《中国县域年鉴》《中国城市年鉴》以及各省市年鉴与统计公报。

第五,考虑到城市占有交通资源的禀赋也会影响城市是否开通高速铁路,需要考虑与高速铁路联系密切的其他交通方式,大部分文献从快速度考虑将航空作为高速铁路的一种替代,并进行相关研究(Jiménez和Betancor,2012;Clewlow等,2014;Albalate等,2015)。考虑高速铁路效应主要是人力资本流动效应,本研究将机场旅客吞吐量作为高速铁路重要的一个替代变量考虑进模型中。全国各个地区机场旅客吞吐量的获取主要来源于国家民用航空局公布的2006—2014年机场生产统计公报。截至2014年底,我国已开通的机场共218个,本研究在百度地图上分别将这218个机场所在的县、市与高速铁路数据库中高速铁路站点所在的县、市一一对应。这里,为了满足研究方法的实验前测,本研究删除北京、上海、广州、深圳特大城市的数据、样本共计214个。将机场吞吐量的数据与高速铁路数据库进行匹配,进行实证分析。

第六,停靠县城的高速铁路站点往往在原有普通火车或高速公路线路的基础之上,进行直线化或者轨距标准化,建设新的高速铁路。高速铁路停靠站也是在原有普通铁路停靠站或者高速公路节点的基础之上重新设计,一些原始停靠普通火车的站点或高速铁路节点地区,基本上保留高速铁路设站。因此,本研究也将历年高速公路通行里程与每省境内高速公路条数,作为衡量城市交通基础设施的指标,引入模型。高速公路数据的获取方式如下:首先通过谷歌地图将各个城市通车的每一条高速公路的里程数测量出来,然后将高速公路的具体开通信息在网络上搜索出来,把获得的信息进行汇总,便可获得每一城市每一年份的高速公路加总里程数,最终构成全国所有的高速公路网络图。

第七,地理位置等区位条件影响着地区经济发展,本研究加入考虑区域经济区位差异的变量,包括"是否为东部地区""是否为西部地区"来衡量由于地理位置不同所造成的高速铁路设站差异。本研究将地理位置与其历年累计的地区生产总值占全国的比重进行排序,选出东部为北京、天津、河北、辽宁、上海、江苏、浙江、福建、山东、广东、海南11个省或直辖市;西部包括四川、重庆、贵州、云南、西藏、陕西、甘肃、宁夏、青海、新疆10个省、自治区或直辖市。

表4.2 各变量的描述性统计

变 量 名 称	均值	标准差	最大值	最小值
GDP(对数)	13.41	1.09	17.45	1.92
年末总人口(对数)	3.63	0.81	7.38	−0.27
固定资产投资(对数)	12.99	1.19	16.91	7.10
城镇居民平均工资(对数)	8.32	0.53	9.46	6.51
高速公路通行里程	3.15	1.98	8.79	0
每省境内高速公路条数	1.81	1.55	21	0
是否开通高速铁路	0.12	0.32	1	0
是否为西部城市	0.39	0.48	1	0
是否为东部城市	0.26	0.44	1	0
机场旅客吞吐量(对数)	0.41	0.23	17.23	0.51
常住人口(对数)	3.52	0.53	6.93	−0.22
第三产业占比	0.29	0.13	0.89	0.09

第四节 实证结果及分析

一、高速铁路"设站"是否有利于城市经济增长

本研究使用开通高速铁路前的数据进行 Logit 回归,得出倾向得分,并基于核密度函数进行"实验组"与"对照组"选取,使用 PSM–DID 方法进行回归分析,最终结果见表4.3。

表4.3 总体指标的 PSM–DID 回归结果

	PSM–DID		
	(1)	(2)	(3)
高速铁路开通前			
控制组	−0.287	0.354	0.769
实验组	−0.307	0.324	0.729
高速铁路开通前控制组与实验组差分	−0.020 (−0.77)	−0.030 (−1.15)	−0.040 (−1.02)
高速铁路开通后			
控制组	−0.339	0.326	0.765
实验组	−0.246	0.397	0.897
高速铁路开通后控制组与实验组差分	0.093*** (4.55)	0.071*** (3.41)	0.132*** (4.26)
ATT	0.113*** (3.52)	0.101*** (3.12)	0.172*** (3.58)
因变量:是否开通高速铁路			
年末总人口	0.522*** (75.81)	0.501*** (70.83)	0.509*** (49.57)

续　表

	PSM-DID		
	(1)	(2)	(3)
固定资产投资	0.394*** (63.84)	0.391*** (63.35)	0.385*** (44.91)
城镇职工平均工资	0.796*** (67.21)	0.753*** (61.58)	0.694*** (40.71)
该地区是否为东部地区		0.075*** (6.88)	0.105*** (6.87)
该地区是否为西部地区		−0.079*** (−6.94)	−0.075*** (−4.82)
高速公路通行里程			0.016* (1.83)
地区内高速公路的条数			0.014** (2.23)
地区固定效应	YES	YES	YES
时间固定效应	YES	YES	YES

注：*、**、*** 分别表示在5%、1%与0.1%显著性水平。括号内数字是回归系数对应的t值。

Logit回归结果的显著性表明，各控制变量对于因变量是否开通高速铁路具有较强的解释力。验证开通高速铁路的最终处理效应（ATT），列（1）在控制了反映城市属性的经济因素后，ATT显著为正，高速铁路开通导致开通站点地区经济产出的增加。列（2）在控制了"是否为东部城市""是否为西部城市""是否拥有5A级景区"等反映区位的变量后，ATT结果稳健。列（3）在控制了"高速公路里程数""境内高速公路通过条数"后，ATT提高至0.172，说明一地区拥有高速公路的数量对于是否开通高速铁路有着较大的影响，开通了高速公路与高速铁路的地区，经济产出的增长效果最大。

为验证上述PSM-DID方法结果的准确性，进行平衡性检验。本研究检验匹配后的各变量在实验组与控制组是否平衡（balancing test），控制变量的均值在实验组与控制组间是否仍存在显著差异。若该差异不存在，则PSM-

DID法可以用来估计。由于篇幅的原因,本研究只给出平衡性检验结果,具体结果见表4.4。

表4.4 平衡性检验

变量名称	Mean Treated	Diff.	t	Pr(T>t)
GDP(对数)	13.41	0.996	1.181	0.379
年末总人口(对数)	3.63	0.482	0.872	0.336
固定资产投资(对数)	12.99	1.085	0.589	0.557
城镇居民平均工资(对数)	8.32	0.64	1.04	0.347
高速公路通行里程	3.15	0.394	1.49	0.897 9
每省境内高速公路条数	1.81	0.006	1.05	0.294 6
是否为西部城市	0.39	0.154	1.61	0.234 5
是否为东部城市	0.26	−0.004	0.25	0.803 6
机场旅客吞吐量(对数)	0.41	−0.472	1.7	0.099 0
常住人口(对数)	3.52	0.012	0.77	0.443 6
第三产业占比	0.29	0.55	1.28	0.324 6

表4.4估计结果显示,控制变量匹配完成后,均值在实验组与控制组基本不显著,说明通过匹配,实验组与控制组已基本消除差异,结果具有解释力。

二、异质性分析结果

(一)是否设站城市的回归结果及分析

上述结果表明,高速铁路对于城市经济增长确有正面的促进作用,那么这一作用在不同地区尤其是设站城市与非设站城市的作用如何呢?值得深入研究。本研究通过一系列的检验来验证高速铁路对不同城市经济产出的影响,定义如下(4.2)。

$$Y_{i,t}^{psm-did} = \beta_0 + \beta_1 HSR_{i,t}^x + \gamma T_i + \beta_2 HSR_{it}^x * T_i + \beta_3 X_{i,t} + \mu_i + \varepsilon_{i,t}$$
(4.2)

原理同上文。(4.2)中，$HSR_{i,t}^x$ 为距离高速铁路站点 x 公里以内及以外的非站点城市，若一地区位于高速铁路站点 x 公里且不停靠高速铁路，取值为1，否则取值为0。T_i 为该年份是否开通高速铁路的虚拟变量，取0代表该年未开通高速铁路，取1代表该年开通了高速铁路。交互项 $HSR_{i,t}^x * T_i$ 表示高速铁路对周边 x 公里和 x 公里以外地区在设站再分配效应上的差别。本研究利用 ArcGIS 软件，建立距离高速铁路站点 $30-x$ 公里的缓冲区，分别得出距离高速铁路车站 30 公里[①]至 x 公里地区的具体名称，把筛选出的 $30-x$ 公里以内的地区作为"实验组"，其他未筛选到的 $30-x$ 公里以外的地区作为"控制组"，逐步选择检验某一区域范围内是否存在显著的"邻近效应"。检验从30公里开始，每隔一公里递增，在这里，值得注意的是，某一城市很可能同时位于任意两个高速铁路站点 30 公里以内，无法区别该受影响的城市究竟受哪个站点影响更大。因此，当建立缓冲区筛选出的某一城市位于两个站点的交集区域时，本研究将其从观测样本中删除。图 4.2 进行了详细的说明：a 点位于 A 与 B 两个站点之间，因为无法估计对 a 点的效应究竟是由哪个车站引起的，因此将这类站点删除；b 点距离 B 站较近，可以估计存在的效应，故保留此类站点。

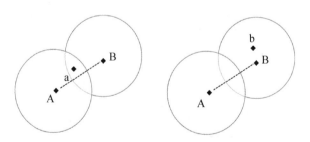

图 4.2 邻近高速铁路站点地区的筛选说明

资料来源：作者绘制

[①] 选择 30 公里以上的地区主要是因为筛选出距离高速铁路站点 30 公里以内的地区较少，不能构成足够的"实验组"，易导致估计结果不显著。

表 4.5 地区层面回归结果(10—50 公里)

	PSM‑DID				
	<30 公里		30—110 公里		
	10 公里	20 公里	30 公里	40 公里	50 公里
高速铁路开通前					
控制组	5.372	5.363	5.355	5.343	5.340
实验组	5.72	5.726	5.798	5.765	5.726
高速铁路开通前控制组与实验组差分	0.348*** (3.65)	0.363*** (6.25)	0.443*** (10.89)	0.422*** (12.42)	0.386*** (12.67)
高速铁路开通后					
控制组	5.862	5.846	5.848	5.842	5.844
实验组	6.050	6.090	6.092	6.054	6.028
高速铁路开通后控制组与实验组差分	0.188** (2.54)	0.244*** (4.22)	0.244*** (4.93)	0.212*** (4.75)	0.184*** (4.43)
ATT	−0.16 (−1.34)	−0.119 (−1.46)	−0.199*** (−3.13)	−0.21*** (−3.80)	−0.02*** (−4.00)
地区固定效应	YES	YES	YES	YES	YES
时间效应	YES	YES	YES	YES	YES

注：由于篇幅限制，表中未列出 Logit 检验结果

表 4.6 邻近效应的半径检验(续)

	PSM‑DID				
	30—110 公里			>110 公里	
	60 公里	90 公里	110 公里	120 公里	130 公里
高速铁路开通前					
控制组	5.333	5.327	5.206	5.257	5.254

续　表

	PSM-DID				
	30—110 公里			>110 公里	
	60 公里	90 公里	110 公里	120 公里	130 公里
实验组	5.722	5.718	5.509	5.613	5.607
高速铁路开通前控制组与实验组差分	0.389*** (13.51)	0.391*** (4.15)	0.303*** (8.16)	0.356*** (14.67)	0.353*** (14.67)
高速铁路开通后					
控制组	5.831	5.824	5.709	5.809	5.802
实验组	6.028	6.026	5.809	5.909	5.912
高速铁路开通后控制组与实验组差分 ATT	0.197*** (4.94)	0.202*** (5.13)	0.100** (3.44)	0.100** (2.40)	0.110 (1.56)
	−0.192*** (−3.98)	−0.189*** (−4.05)	−0.203*** (−4.40)	−0.255 (−0.77)	−0.243 (−1.01)
地区固定效应	YES	YES	YES	YES	YES
时间效应	YES	YES	YES	YES	YES

注：由于篇幅限制，表中未列出 Logit 检验结果

表 4.6 汇报了距离站点半径以内的非站点地区在开通高速铁路后经济增长的变化结果。结果表明：① 距离高速铁路站点 30—110 公里的非站点地区，经济产出增长比距离高速铁路车站大于 110 公里的地区低，这说明存在高速铁路对经济活动的邻近效应。② 距离高速铁路站点 10—30 公里的非站点地区，不存在高速铁路对经济活动的邻近效应，原因主要由于中国高速铁路站点一般位于城市郊区，10—30 公里筛选出的城市样本个数较少，不能构成有效的"实验组"，从本研究整理的数据来看，筛选出在 10—30 公里以内的地区仅占全部城市个数的 10% 左右，样本个数导致回归结果不显著。

（二）市场规模异质性回归结果及分析

前文验证了高速铁路对城市经济产出的影响。接下来，本研究通过实证检

验高速铁路对不同城市规模城市经济产出影响的区别。本研究使用常住人口来衡量地区的市场规模,常住人口的数据通过 GDP 除以人均 GDP 计算得出。《关于调整城市规模划分标准的通知》将城市划分为五类七档。城区常住人口 50 万人以下的城市为小城市,其中 20 万人以上 50 万人以下的城市为 Ⅰ 型小城市,20 万人以下的城市为 Ⅱ 型小城市;城区常住人口 50 万人以上 100 万人以下的城市为中等城市;城区常住人口在 100 万人以上 500 万人以下的城市为大城市。

原理与前文类似,本研究将筛选出的是否距离高速铁路车站 30—110 公里的全部地区,分别按照城市人口规模分为以下 5 类,区分"实验组"与"对照组",进行机制检验。表 4.7 为这 5 类样本的回归结果。

表 4.7 不同城市市场规模与城市经济产出回归结果(10—50 公里)

	PSM-DID				
	<30 公里		30—110 公里		
	10 公里	20 公里	30 公里	40 公里	50 公里
高速铁路开通前					
控制组	7.113	7.111	7.112	7.109	7.104
实验组	7.444	7.428	7.464	7.446	7.431
高速铁路开通前控制组与实验组差分	0.331** (2.14)	0.317*** (3.77)	0.352*** (5.18)	0.337*** (6.01)	0.327*** (6.65)
高速铁路开通后					
控制组	7.583	7.576	7.571	7.569	7.568
实验组	7.794	7.778	7.784	7.737	7.702
高速铁路开通后控制组与实验组差分	0.211** (3.36)	0.202*** (4.47)	0.213*** (5.88)	0.168*** (5.23)	0.134*** (4.48)
ATT	−0.12 (−0.72)	−0.115 (−1.09)	−0.139* (−1.81)	−0.169*** (−3.80)	−0.193*** (−3.39)
因变量:该城市是否位于 x 公里以内					
固定资产投资	0.41*** (37.46)	0.591*** (66.24)	0.410*** (37.44)	0.408*** (37.01)	0.408*** (36.99)

续 表

	PSM-DID				
	<30公里		30—110公里		
	10公里	20公里	30公里	40公里	50公里
城镇居民平均工资	0.639*** (28.69)	0.67*** (43.64)	0.637*** (28.53)	0.636*** (28.47)	0.635*** (28.45)
第三产业产值占比	0.015 5*** (7.38)	0.025*** (7.73)	0.013*** (7.88)	0.015*** (7.12)	0.014 5*** (7.86)
该地区是否为东部地区	0.334*** (14.44)	0.332*** (14.38)	0.334*** (14.49)	0.333*** (14.47)	0.333*** (14.47)
该地区是否为西部地区	−0.174*** (−7.47)	−0.166*** (−7.13)	−0.157*** (−6.74)	−0.153*** (−6.56)	−0.153*** (−6.56)
地区内高速公路总里程数	0.004*** (13.98)	0.004*** (13.91)	0.004*** (13.93)	0.004*** (14.06)	0.004*** (14.06)
地区内高速公路通过条数	0.102*** (13.01)	0.102*** (13.03)	0.098*** (12.58)	0.096*** (12.18)	0.096*** (12.18)
机场旅客吞吐量	0.025*** (5.71)	0.025*** (5.73)	0.025*** (5.78)	0.025*** (5.70)	0.025*** (5.70)
是否为常住人口小于20万城市	0.737 (1.36)	0.738 (0.80)	0.893 (1.46)	0.892 (0.56)	0.897 (1.439)
是否为常住人口20万—50万城市	−0.251 (−1.38)	−0.464* (−1.99)	−0.456*** (−14.74)	−0.459*** (−14.88)	−0.458*** (−14.82)
是否为常住人口50万—100万城市	0.112** (2.07)	0.171* (1.89)	0.179*** (5.45)	0.174*** (5.31)	0.173*** (5.27)
是否为常住人口100万—300万城市	0.370* (1.96)	0.542** (2.07)	0.550*** (12.95)	0.546*** (12.865)	0.55*** (12.949)
地区固定效应	YES	YES	YES	YES	YES
时间效应	YES	YES	YES	YES	YES

表 4.8 不同城市市场规模与城市经济产出回归结果(60—130 公里)

	PSM－DID				
	30—110 公里			>110 公里	
	60 公里	90 公里	110 公里	120 公里	130 公里
高速铁路开通前					
控制组	7.102	7.098	7.073	7.073	7.07
实验组	7.417	7.415	7.390	7.335	7.325
高速铁路开通前控制组与实验组差分	0.315*** (6.77)	0.317*** (7.23)	0.317*** (7.03)	0.262*** (7.07)	0.255*** (7.01)
高速铁路开通后					
控制组	7.558	7.551	7.550	7.555	7.556
实验组	7.703	7.694	7.669	7.617	7.611
高速铁路开通后控制组与实验组差分	0.145** (4.97)	0.143*** (4.98)	0.119*** (4.13)	0.062** (2.02)	0.055*** (3.76)
ATT	−0.170*** (−3.16)	−0.174*** (−3.39)	−0.198*** (−3.59)	−0.200 (−1.29)	−0.200 (−1.30)
因变量:是否开通高速铁路					
固定资产投资	0.407*** (36.99)	0.407*** (36.93)	0.410*** (37.48)	0.410*** (37.50)	0.410*** (37.52)
城镇居民平均工资	0.635*** (28.45)	0.635*** (28.45)	0.638*** (28.74)	0.638*** (28.74)	0.637*** (28.75)
第三产业产值占比	0.0187*** (7.68)	0.0167*** (7.63)	0.0178*** (7.57)	0.0176*** (7.65)	0.0172*** (7.36)
该地区是否为东部地区	0.334*** (14.51)	0.331*** (14.41)	0.329*** (14.30)	0.328*** (14.21)	0.329*** (14.27)
该地区是否为西部地区	−0.143*** (−6.04)	−0.137*** (−5.77)	−0.139*** (−5.82)	−0.144*** (−5.85)	−0.145*** (−5.83)

续 表

	PSM - DID				
	30—110 公里			>110 公里	
	60 公里	90 公里	110 公里	120 公里	130 公里
地区内高速公路总里程数	0.004*** (14.037)	0.004*** (14.12)	0.004*** (14.06)	0.004*** (13.63)	0.004*** (13.60)
地区内高速公路通过条数	0.095*** (12.035)	0.094*** (11.99)	0.096*** (12.21)	0.102*** (12.99)	0.102*** (13.09)
机场旅客吞吐量	0.025*** (5.793)	0.025*** (5.78)	0.025*** (5.80)	0.026*** (5.9)	0.025*** (5.85)
是否为常住人口小于20万城市	0.732 (1.258)	0.739 (0.49)	0.743 (0.96)	0.742 (0.48)	0.742 (1.05)
是否为常住人口20万至50万城市	−0.438*** (−15.738)	−0.439*** (−15.70)	−0.440*** (−15.73)	−0.340** (−2.00)	−0.441* (−1.95)
是否为常住人口50万至100万城市	0.162*** (5.427)	0.171*** (5.23)	0.153*** (5.10)	0.153* (1.79)	0.154* (1.82)
是否为常住人口100万至300万城市	0.256*** (5.769)	0.542*** (12.658)	0.554*** (12.99)	0.508* (1.85)	0.506** (2.45)
地区固定效应	YES	YES	YES	YES	YES
时间效应	YES	YES	YES	YES	YES

在表 4.7 和表 4.8 中,分别为在溢出的 10—130 公里中,分别考虑加入常住人口小于 20 万人,常住人口在 20 万—50 万人之间,常住人口在 50 万—100 万人之间,以及常住人口在 100 万—300 万人之间的城市虚拟变量进行的回归。实证结果表明:① 高速铁路设站对于邻近地区的效应存在差异,对于周边城市规模较大的城市,负邻近效应最小;② 以站点周边常住人口小于 50 万人的非站点地区为"实验组"结果表明,高速铁路的邻近效应对于常住人口 20 万—50 万人之间的地区,具有显著的负向作用,说明高速铁路促进站点地区经济发展主要

来源于吸收周边人口20万—50万人地区的资源;③以站点周边常住人口大于50万人的非站点地区为"实验组",结果表明,高速铁路的邻近效应对于周边具有人口大于50万人的城市具有显著的正向作用,说明高速铁路带来的邻近效应加强了与周边城市规模较大地区之间的联系,且规模越大的城市,负效应越小,正邻近效应越大;④表4.6的回归结果亦从侧面证明了上文结论,距离站点30—110公里的非站点地区,经济产出增长比距离高速铁路车站大于110公里的地区低,说明了回归结果的稳健性。

三、稳健性检验

本节进行如下稳健性检验。首先,进行安慰剂检验(Placebo Test)。即倘若没有高速铁路的开通,那么所选出来的"实验组"GDP不应有明显变化。假想在2006年或2007年开通了高速铁路,分别利用2006年与2007年横截面数据进行检验。倘若估计结果显示,解释变量(是否开通高速铁路)对被解释变量不显著,那么安慰剂检验可以在一定程度上强化PSM-DID估计的可信度。估计结果见表4.9。

表4.9 "安慰剂检验"(OLS回归)结果

	2006年地区GDP		2007年地区GDP	
	(1)	(2)	(3)	(4)
是否开通高速铁路	0.013 (0.89)	−0.005 (0.51)	0.004 (0.66)	−0.016 4 (−0.64)
是否加入控制变量	否	是	否	是
样本量	1 804	697	1 699	734
地区固定效应	YES	YES	YES	YES

注:(2)(4)为加入模型(9)中的控制变量。

表4.9中显示,是否开通高速铁路对地区GDP并无显著影响,说明"实验组"样本的地区GDP只有在高速铁路开通以后才会发生显著的变化,在开通以前不会受到影响。

除了使用PSM-DID模型进行估计之外,本研究同时构建了与其相比较的模型。目的是通过对比多个模型的回归结果,说明主要模型的解释力度与可信度。表4.10为使用固定效应与OLS的估计结果。

表4.10 基于固定效应模型的估计结果

	固定效应	OLS
因变量:地区生产总值		
是否开通高速铁路	0.101*** (0.001)	0.04*** (0.00)
固定资产投资	0.42*** (0.00)	0.43*** (0.00)
城镇职工平均工资	0.62*** (0.00)	0.60*** (0.00)
第三产业占比	0.508*** (0.00)	0.503*** (0.00)
年末总人口	0.49*** (0.00)	0.45*** (0.00)
该地区是否为中部地区	—	0.05*** (0.00)
该地区是否为东部地区	—	0.19*** (0.00)
该地区是否为小城市	—	−0.05*** (0.00)
该地区是否拥有5A级景区	0.14*** (0.00)	0.12*** (0.00)
公路通行里程	0.01*** (0.00)	—
每省境内高速公路条数	0.03** (0.00)	0.02* (0.06)
地区固定效应	YES	YES

结果表明：① 从整体上看，无论使用固定效应模型还是普通 OLS，均不会改变开通高速铁路站点对于城市经济产出影响效应的方向，说明本研究的实验结果是可信且稳健的；② 从结果的显著性来看，大部分的解释变量系数均显著，且与前文的结果保持一致，再一次印证了我们的结论。

再者，本研究使用改变事件执行前后时间段的方法①，来检验高速铁路开通在不同时间段的影响差异。本研究使用假设的开通时间为 2012 年，前后选取一年与两年的数据进行检验，结果如表 4.11。

表 4.11　改变政策执行前后时间段的估计结果

	PSM - DID	
	前后一年	前后两年
控制组	0.143	0.537
实验组	0.177	0.680
高速铁路开通前控制组与实验组差分	0.034 (0.08)	0.143*** (3.89)
控制组	0.143	0.537
实验组	0.209	0.822
高速铁路开通后控制组与实验组差分	0.066** (2.03)	0.285*** (4.91)
ATT	0.032 (0.94)	0.142*** (2.51)
地区固定效应	YES	YES

结果表明：① 改变政策执行时间的前后时间窗并不会改变高速铁路对小城镇经济产出影响的效应方向，说明结果可信且稳健。② 在用前后一年时间段的数据来检验时，att 效果不显著，倘若利用前后两年时间段的数据来检验，ATT

---

① 董艳梅，朱英明.高速铁路建设能否重塑中国的经济空间布局——基于就业、工资和经济增长的区域异质性视角[J].中国工业经济，2016(10)：92-108.

显著为正,说明高速铁路对于城市经济增长的影响时滞存在,周期为1年。

四、内生性问题的处理

本研究采用的双重差分方法不能完全避免政府对经济联系较强地区优先开通高速铁路的偏好而导致的内生性问题。因此,对于可能产生的内生性问题,本研究使用工具变量法进行回归。本研究选择纳恩和普佳(Nunn和Puga,2012)定义的"地形崎岖指数",作为高速铁路的工具变量进行研究。选取"地形崎岖指数"为工具变量的主要原因有以下两点:第一,满足外生性。地形、地质、地貌特征是铁路开发方案选择的重要特征,决定着高速铁路设站的开发成本(张梦婷等,2018),但同时,地区的地形地貌特征是绝对外生的,不受其他经济因素影响。第二,符合工具变量的选取标准。通常的工具变量法,主要是寻找一个与解释变量相关,但与时间变化不相关的变量。"地形崎岖指数"不随时间变化,城市在城市群中的位置也不会受到"地形崎岖指数"影响。

本研究使用中国科学院资源与环境数据中心高程数据[①](Shuttle Radar Topography Mission,SRTM)来测算"地形崎岖指数"。测算步骤如下:首先,将得到的高程数据导入ArcGIS中,并利用空间分析模块中的"栅格计算器",参照Nunn和Puga(2012)的方法,计算崎岖指数。然后,将栅格数据转换成矢量数据图,并与中国县级层面行政区划矢量图合并,得到每个县级城市的崎岖指数数据。最后,将每个县级市求得的崎岖指数进行加总,求平均,得到每个县级城市的平均崎岖指数。该指数即为本研究构建的工具变量。表4.12汇报了使用工具变量进行两阶段最小二乘(2SLS)回归的结果。

表4.12 使用年份交互的工具变量回归

VARIABLES	(1) First stage	(1) Second stage	(3) IV
HSR	—	0.312***	0.197***
	—	(6.87)	(4.49)

---

① http://www.resdc.cn/data.aspx? DATAID=123

续 表

VARIABLES	(1) First stage	(1) Second stage	(3) IV
IV_year	0.000***	—	—
	(22.14)	—	—
Control	YES	YES	YES
Year	YES	YES	YES
Cluster.city	YES	YES	YES
Constant	0.625***	3.895***	43.739***
	(41.96)	(22.26)	(7.54)
Observations	17 640	17 640	17 640
R-squared	0.028	0.010	0.022
F	127.9	13.85	12.98

五、机制：城市生产率回归结果

上一节的分析验证了高速铁路设站对城市经济产出的促进作用，这结果与阿赫费尔特和费德森（Ahlfeldt 和 Feddersen，2018）的研究结果类似，但与秦（Qin，2017）的研究结果相反。那么，为什么高速铁路能够对设站城市具有促进作用呢，或者说高速铁路设站城市通过什么途径实现的经济产出的增加，这也是本研究所关注的问题。城市是否开通高速铁路影响城市全要素生产率水平，进而影响了城市的经济产出，因此，本小节针对高速铁路设站如何影响城市经济产出进行以下检验。

本研究结合 2006—2013 年工业企业数据库，采用加权取平均的方法，计算出开通与没有开通高速铁路城市的生产率，并检验高速铁路设站能否促进城市生产率的提升。企业全要素生产率的计算主要参考詹内蒂（Giannetti，2015）等的文章，该方法是目前较新、较权威处理企业生产率的方法。本研究采用四种不同方法,常规 OLS,固定效应法,Olley-Pakes 法(OP 法)与 Levinsohn-Petrin 方法(LP 法)计算企业生产率,进而加总到城市。在城市生产率的计算中,本研究需要估计三部分的内容。首先,对于资本投入,相较于之前常用的固定资产投资,本研究采用永续盘存法来计算各个企业的资本存量替代资本投入。其次,对于劳动投入,本研究采用全部职工数代表劳动的投入。最后,对于中间投入的计算,较之前文献而言,本研究除了采用之前大多数研究中使用的工业生产总值、销售额指标外,首次以估算的中间投入值来测算 1998—2013 年的工业增加值。

高速铁路设站对生产率影响的实证模型如(4.3):

$$\ln TFP_{i,t}^{psm\text{-}did} = \beta_0 + \beta_1 HSR_{i,t}^x + \gamma T_i + \beta_2 HSR_{it}^x * T_i + \beta_3 X_{i,t} + \mu_i + \varepsilon_{i,t} \tag{4.3}$$

在(4.3)中,$\ln TFP$ 为加权平均后的城市 i 在 t 年城市生产率的对数值,β_1 度量了高速铁路设站对城市生产率的平均处理效应,$X_{i,t}$ 为被观测到且影响被解释变量的其他变量,这里,为防止多重共线性,本研究不考虑与资本以及劳动力相关的指标,控制变量为高速公路通行里程、地区内高速公路的条数、机场旅客吞吐量、该地区是否为西部地区、该地区是否为东部地区,同时控制了地区固定效应与时间效应。回归结果见表 4.13。

表 4.13 高速铁路对城市生产率的影响结果

	PSM-DID			
	(1)	(2)	(3)	(4)
高速铁路开通前				
控制组	11.907	10.916	10.934	11.988
实验组	11.710	10.921	10.743	11.874
高速铁路开通前控制组与实验组差分	0.197*** (−2.87)	0.005 (1.89)	−0.191*** (3.26)	−0.114*** (4.49)
高速铁路开通后				
控制组	11.926	10.946	10.961	11.846

续　表

	PSM-DID			
	(1)	(2)	(3)	(4)
实验组	11.948	11.044	10.965	11.894
高速铁路开通后控制组与实验组差分	0.022*** (4.55)	0.098*** (3.41)	0.004** (2.44)	0.048*** (3.08)
ATT	0.219*** (2.97)	0.093* (1.82)	0.195*** (3.58)	0.162*** (4.13)
地区固定效应	YES	YES	YES	YES
时间效应	YES	YES	YES	YES

注：被解释变量为使用 OP 法计算得到的企业生产率加权平均后的城市生产率。因变量为"是否开通高速铁路"，*、**、*** 分别表示在 10%、5% 与 1% 显著性水平。括号内数字是回归系数对应的 t 值。

在表 4.13 的回归结果中，(1)列表示在高速铁路开通对城市生产率的影响。结果表明，高速铁路显著提高了设站城市的生产率，作用系数高达到 0.219。(2)(3)(4)列分别为高速铁路设站对处于 25、50、75 分位数位置城市的影响。结果表明，高速铁路开通对城市生产率的作用随着生产率水平的提高而提高，且对于城市生产率处于中等位置的城市，作用最大。

第五节　小　　结

本节实证结果表明，高速铁路对站点经济产出发生正向作用主要是由于对周边城市的"邻近效应"。站点对周边地区的邻近效应为负，距离站点 30—110 公里以内的非站点地区，经济发展水平的增长显著低于大于 110 公里的非站点地区。以站点周边常住人口小于 50 万人的非站点地区为"实验组"，结果表明，高速铁路的邻近效应对于常住人口 20 万—50 万人之间的地区，具有显著的负向作用，说明高速铁路促进站点地区经济发展主要来源于吸收周边人口 20 万—50 万人地区的资源。以站点周边常住人口大于 50 万人的非站点地区为"实验组"，结果表明：高速铁路的邻近效应对于周边具有人口大于 50 万人城市，具有显著的正向作用,说明高速铁路带来的邻近效应加强了与周边城市规模较大地区之间的联系,且规模越大的城市,负效应越小,正邻近效应越大。同时,本研究进一步检验高速铁路设站产生邻近效应的机制,指出由于高速铁路设站带来城市分工与专业化的生产,带来设站城市生产率的促进效应,并首次利用估算出的2006—2013年工业增加值,对高速铁路对生产率的效应进行了检验,结果证明了本研究的理论假说,且验证了高速铁路对于城市全要素生产率处于中间阶段的地区促进效应更大。针对高速铁路对不同规模城市的影响,先提出相应的政策建议,如下:

第一,已经开通高速铁路的设站地区,应努力创造良好的人口准入政策与企业引进环境,建立人口准入激励制度,吸引更多高水平人才入住。建立良好的投资与发展环境,以土地供应、税费减免等优惠政策吸引更多企业向内转移,不断提高城市企业竞争力。

第二,对于周边市场规模较大的城市,根据自身优势,发挥城市与城市间的联动作用,对于市场规模较小的城市,尽量避免与周边城市的产业竞争,生产有别于站点城市的专业化产品。

第五章
高速铁路对城市价值链位置的影响

第一节 引　　言

高速铁路建设是一项拉动经济增长的国家战略(Wang等,2014),是国家经济一体化进程中的重要因素,对于经济增长起到了催化剂的作用(Cheng,2015)。随着通勤技术进步及一体化程度的不断加深,企业只能在其内部和国内经济中保留其生产阶段的一小部分(Alfaro,2015),在企业与中间供应商垂直整合的动机的影响下,城市在价值链中的位置不断变化。通过改变产业间的纵向联系,高速铁路建设降低交易主体的成本与知识溢出,加强企业间的垂直溢出效应,对于促进特定区域经济发展,市场一体化以及企业在各地区的价值链分工发挥了重要的作用。高速铁路开通前后对城市产业分工会有什么影响,会使得处于价值链何种位置的企业集聚到某一城市中？本研究从高速铁路设站对城市一体化的影响入手,一是借鉴唐(Tang,2017)方法扩展投入产出表,与工业企业数据库进行匹配,具体到企业层面,并根据方法测算每一类企业的直接消耗系数,最终消费、产出、增加值等指标,根据安特拉斯(Antràs,2012)算出各个细分行业在产业链中所处的位置。二是通过实证回归分析验证,高速铁路开通前后城市价值链位置的变动,分析高速铁路对城市经济地位的影响。

有关交易成本,市场与价值链分工的理论最早源于李嘉图(Ricardo D.)的比较优势理论以及在此基础之上发展起来的赫克歇尔—俄林模型。李嘉图认为,由于各地区存在相互生产率的差异,市场一体化作用下各地区专业于生产自己机会成本最低的产品。赫克歇尔—俄林模型认为,各地区资源存在空间异质性导致地域的分工与产业地理集聚。

有关企业垂直分工与交易成本的关系,科斯(Coase,1937)认为,理解上下游企业纵向一体化的关键并不在于理解纵向的生产关系,而在于理解纵向的交易关系。就像生产一样,交易是有成本的,该文章提出了单一企业纵向一体化的均衡条件。威廉姆森(Williamson)是交易成本经济学的主要支持者,他的著作《市场和等级体系》(1975)与《资本经济体制》(1985)充分阐述了交易成本经济学的丰富内容与复杂性。蒂斯(Teece,1976)运用威廉姆森(1975)交易成本的概念,讨论了原油精炼商企业纵向一体化,文章中认为,交易成本可以解释精炼商企业前向一体营销。斯塔基(Stuckey,1983)验证了交易成本的存在可以解释铝精炼商后向一体化。在考虑贸易成本与产业集聚的文章中,亨德森等(Henderson等,1995)考察了美国制造业集聚的现象,结果表明,产业内集聚多发生在技术成熟行业,产业间集聚则主要发生在新兴产业。维纳布尔斯(Venables,1996)利用投入产出纵向联系考虑上下游产业的关系,他认为当交易成本很高或很低时,导致上下游企业的分散。当交易成本位于中间时,上下游企业集聚在同一个区位。杰德·科尔科(Jed Kolko,2007)认为,产业间知识外溢与直接贸易关系导致服务业与制造业共同集聚。

　　有关交通基础设施对城市市场经济一体化的研究并没有得出一致的结论。拜伦斯(Behrens,2004)论证了一个国家的基础设施对其国际经济一体化及区域经济不平等的影响,他的研究表明,国际之间的贸易量主要取决于交通成本的降低,那些拥有更好的交通基础设施的国家因为能够取得更高的国际贸易流量因而更容易取得区域经济的均衡发展。希利(Healey,2015)研究了美国克里夫兰制造业产业带的出现,主要解释了收益递增如何导致产业集中。发现铁路部门在创造直接就业机会和通过前向和后向联系刺激相关产业的投资是至关重要的。前者与"要素通道"战略规划指导原料流向城市有关。昌德拉(Chandra,2014)评价了可达性对美国阿巴拉契亚地区2050年建成的高铁走廊中不同行业的影响。影响主要是在高铁站周围的六个重点:制造、零售、建筑、采矿、采石、石油和天然气的开采,医疗保健服务和所有其他产业相结合。结果表明,在只有高速公路而没有高速铁路的交通条件改善情况下,到2050年,所有受访的县与行业均会降低可达性。时速150 km的高铁恰好会对包括伯明翰格林维尔(Greenville)在内的直接受影响地区产生潜在可达性的有利影响。在高速公路与高速铁路的双重作用下,在亚特兰大和格林斯博罗火车站附近的县域会在五个行业中提高可达性。村上（Murakami，2012）验证了高速铁路对企业集聚的影响，认为高铁可能对知识密集型企业产生更大的经济效益，但他们大多局限于以中间产品为代价的大城市中。

第二节 理论机制与假说

　　交通条件改善能否改变城市地位，主要取决于规模经济发生的条件和不同经济部门中企业所占的市场份额，以及贸易成本改变的相对弹性。克鲁格曼（Krugman，1991）演绎了两部门两区域模型，在该模型中，运输成本如何与各种因素相互作用从而引起不同模式的集聚。当消费者消费产品支出份额较小，替代弹性较大时，贸易成本降低会使得城市生产集中。潜在假设在于，工人会被实际工资较高的地区吸引，更多工人为企业创造了更大的市场，这些企业可以创造规模经济。如果交通成本下降，人口向中心城市集中。克鲁格曼和维纳布尔斯（Venables，1995）称这种产生集聚的力量为"前向联系"或"价格效应"。当厂商聚集在一起生产，形成产业集群时，各专业化分工的工人也集聚在同一区域内，产品种类数增多、市场规模扩大，制造业产品从出厂到消费者手中，运输成本降低，工人的名义工资、实际工资均高于其他非产业集聚区，非产业集聚区的劳动力受产业集聚区的高工资诱惑，也向产业集聚区内迁移。克鲁格曼和维纳布尔斯称这一引起产业集聚的力量为"市场规模效应"或"后向联系"。因此，产业集聚是"前向联系"和"后向联系"两种力量共同形成的产业向心力作用的结果。

　　高速铁路导致经济活动集聚还是分散取决于与关联效应有关的城市产业结构。维纳布尔斯（Venables，1996）认为，交通成本降低所造成的市场一体化进程中，集聚与分散是否在同一城市发生，取决于该城市企业的前后项联系。如果垂直联系很强，即使交通成本很高，集聚仍然会发生，相反，假如垂直联系较弱，即使交通成本很低，一体化仍会导致经济分散。在克鲁格曼的两地区、两部门，一个是垄断竞争的工业，另一个是在完全竞争的农业模型中，某地区企业数量的增加，形成产业集聚，虽然可能使本地区竞争更激烈、利润减少，但是可以带来以下效应：第一，由于上、下游工业厂商之间具有投入产出的链接关系，下游产业具有对上游产业产品的需求。因此，上下游联系的产业集聚在一起，能减少中间投入品的在途损耗,缩小运输成本,从而降低中间投入品的价格,由此导致厂商有内在的冲动集聚。

目前,基于产业链视角研究高速铁路对城市影响的文章较少,尚没有一个完整的理论分析框架。高速铁路开通引起市场可达性的变化,改变了地区间的可达性,企业间交易成本的下降,根据第三章的理论模型推导可知,城市产业区位的变化取决于相对生产成本与交易成本之间的相互关系。交易成本的降低导致经济结构的集聚与分散。当成本很高或者很低时,具有垂直联系的上游与下游企业分别在两个地区进行生产,分散力占主导位置。当成本位于中间时,具有垂直联系的上下游企业在一个区位上集聚。这就意味着,贸易成本的降低有利于上下游企业在统一地区集聚,就此提出假说1。

假说1:高速铁路带来市场可达性的改变,降低了贸易成本,有利于上下游产业集聚在同一区位。当市场可达性提升时,由于需求联系的存在,使得上游企业倾向于向下游企业所在地区集聚,由于成本联系的存在,基于成本最小化的下游企业倾向于集聚在上游企业较多的地区以改变中间投入。最终,导致上下游企业在同一地区集聚,集聚效应的大小取决于产业间的垂直联系的大小,当产业上下游垂直联系较强时,贸易成本的降低导致产业较快的在同一地区集聚;当产业上下游垂直联系较差,贸易成本的降低导致产业在两个地区进行分散以应对工资差异。

高速铁路开通带来的产业集聚效应的大小与城市产业链的位置有关(需求联系与供给联系)。当该地区行业大多靠近产业链上游时,其下游的行业越多,即需求方较多,给众多企业提供中间品,受到买方垄断的可能性较小,上下游企业的后向关联效应(需求效应)较大,垂直联系度较高,更利于产业的集聚。反之,当其下游的行业较少,即供给方较少,受到买方垄断的可能性较大,后向关联效应较小甚至为负,垂直联系度较低,不利于产业的集聚。同理,当该地区行业大多靠近产业链下游时,其上游的行业越多,即供给方较多,给众多企业提供中间品,可以学习模仿交流的技术多样性较高,受到卖方垄断的可能性较小,前向关联效应(成本关联效应)较大,垂直联系度较高,更利于产业的集聚。同理,反之,当其上游的行业较单一,即供给方较少,受到卖方垄断的可能性较大,前向关联效应较小(Greenhut 和 Ohta,1979),垂直联系度较低,不利于产业的集聚。就此,提出假说2—5。

假说2：高速铁路对于处于产业链上游位置的设站城市，具有正的外部性。中心城市一般处于制造业链条高端位置，需要高端生产性服务业与之相配，高端生产性服务业大多为知识密集型产业，高速铁路开通所带来的高人力资本，使得中心城市具备发展的条件，对于处在产业链高端位置的设站中心城市具有较大作用。

假说3：开通高速铁路的地区，倘若城市本身处于产业链末端，且下游企业较多，会吸引与其前向联系更密切的上游企业集聚在同一区位，其效应的大小取决于前向联系的大小，当进入的上游企业较少，带来的前向联系较小甚至为负，反之前向联系较大。

假说4：高速铁路的效应与城市规模相关。高速铁路对市场规模较大城市企业价值链位置的提升，发挥了重要的作用。市场规模较大的城市一般为中心城市，高端生产性服务业水平较高，高端生产性服务业大多为知识密集型产业，高速铁路开通所带来的高技能劳动力，对处在产业链高端位置的中心城市具有较大作用。

假说5：高速铁路的效应存在地区异质性。高铁开通发挥效应主要对于受教育程度较高的资源型城市，产生较大的作用。

第三节　价值链位置的测算

一、基于非竞争性投入产出表的拓展

18世纪早期，学术界就有关于投入产出表的测度，魁奈（Qvesnay，1758）分析了经济中的结构性依赖关系。随后，莱斯犹斯（Lesuis，1980）把这种表述推广到更一般的经济中，并拓展了该模型的功能。目前，投入—产出的分析方法，已经成为空间经验分析中一个强有力的工具。投入—产出的方法来源于国民经济账户交易表格里的复式记账原理。原理上，总生产，一般是用原材料成本、中间投入、进口以及资本和劳动成本的加总来核算，或者是通过计算从部门资源到中间投入以及最终使用目的地产出流的方法来核算。该方法的主要优势在于分析包括政策手段或大规模生产规划在内的外来冲击对区域影响的能力。在多区域

框架下,投入—产出的技术应用已经传播到了许多国家(Baranov,1982),然而,"投入—产出"模型在区域层次上的应用,远不如其在国民经济分析中的应用那样广泛而有效。区域"投入—产出"模型的中心议题,是与区际贸易理论与要素流动性,以及与技术选址的区域专门化理论相联系的(Andersson,1982)。在这些理论中,生产技术与运输问题是相互分开的。由于产业组成不同,各种资本成分淘汰变动的水平各异,部门内生产技术的区域差异可能存在。根据标准理论,技术选址被假定为先于区域购买投入品的选择。艾萨德(Isard,1951)、摩西(Moses,1955)与里昂惕夫(Leontief,1963)的方法,已经被广泛地应用在随后的研究中。莱斯犹斯(1980)等将区际流动方面的内容拓展到货物和服务以外的商品上,比如污染与其他环境要素等。斯尼克(Snickar,1978)与巴顿和博伊斯(Batten and Boyce,1987)进一步发展了切纳里—摩西模型。卡尔维斯特(Karlqvist,1978)与洛什(los,1980)实现了莱斯犹斯(1980)模型与信息理论思想的一体化。随后,库尔比斯(Courbis,1980)试图建立以多区域、多国"投入—产出"为基础的模型。

本研究使用2007年与2012年中国科学院与国家统计局共同编织的国家42个部门进口非竞争性投入产出表(IO表)进行分析。非竞争性投入产出表,可以获得每个行业使用另一行业作为进口中间投入的数据,较原始投入产出表而言,可以直接获得行业与行业之间进口中间投入消耗系数,结果更加真实可靠。

二、拓展非竞争性投入产出表的方法

根据唐(Tang,2018)建立的通用框架,使用国家2007年与2012年非竞争性投入产出表信息,将非竞争性投入产出表中42个部门中的每个行业,分为大型国有、中小型国有、大型私有、中小型私有、大型外资、中小型外资企业6类。企业按照就业人数、产品销售总额以及固定资产投资,分为大、中、小型3类企业。就业人数大于1 000人,产品销售总额大于4亿元,以及固定资产投资大于4亿元的工业企业,被认为是大型企业。就业人数在300—1 000人之间,产品销售总额大于2 000万元小于4亿元,以及固定资产投资大于4 000万元小于4亿元的工业企业,被认为是中型企业。就业人数小于300人,产品销售总额小于2 000万元,以及固定资产投资小于4 000万元,被认为是小型企业。

拓展的具体方法为使用二次优化模型。优化过程包括以一系列的会计恒等式和官方统计所隐含的约束为前提，最小化与扩展 IO 表的值具有相同参数的二次惩罚函数，又称为双比例缩放问题，基于正的常数矩阵平衡，调整初始矩阵乘以其行和列。具体见(5.1)：

$$\min s = \sum_{g1=SL}^{OS} \sum_{g2=SL}^{OS} \left\{ \sum_{i=1}^{K} \sum_{j=1}^{K} \frac{(\widehat{Z_{i,j}^{g1,g2}} - Z_{01,j}^{g1,g2})^2}{Z_{0i,j}^{g,f}} \right\} + \sum_{g=SL}^{OS} \left\{ \sum_{i=1}^{K} \sum_{j=1}^{K} \frac{(\widehat{Z_{i,j}^{F,g}} - Z_{0i,j}^{F,g})^2}{Z_{0i,j}^{F,g}} \right\}$$
$$+ \sum_{g=SL}^{OS} \left\{ \sum_{j=1}^{K} \frac{(\widehat{y_J^g} - y_{0J}^g)^2}{y_{0J}^g} \right\} \tag{5.1}$$

其中，带 ^ 符号的变量为需要估计的参数，包括 $\widehat{Z_{i,j}^{g1,g2}}$、$\widehat{Z_{i,j}^{F,g}}$、$\widehat{y_J^g}$。$\widehat{Z_{i,j}^{g1,g2}}$ 表示企业 $g1$ 的产出中作为 $g2$ 中间投入品的部分。$\widehat{Z_{i,j}^{F,g}}$ 表示进口产品 i 被当作 g 类企业中间投入品的比重。$\widehat{y_J^g}$ 表示每一个 g 类企业的总产出。$g \in \{SL, SS, FL, FS, PL, PS\}$。$Z_{0i,j}^{g1,g2}$、$Z_{0i,j}^{F,g}$、$y_{0J}^g$ 分别为初始值。$Z_{0i,j}^{F,g}$，对于不需要进口中间投入，但是在投入产出表上为正的值，本研究利用每个类别的企业占部门总的中间投入的比重为权重，则 $Z_{0i,j}^{F,g}$ 为：

$$Z_{0i,j}^{F,g} = \frac{\overline{x_J^g} - \overline{v_J^g}}{\sum_{g,j}(\overline{x_J^g} - \overline{v_J^g}) z_{ij}^F} \tag{5.2}$$

同理：

$$Z_{0i,j}^{g1,g2} = \frac{\overline{x_l^{g1}}}{\overline{x_l}} \frac{\overline{x_J^{g2}} - \overline{v_J^{g2}}}{(\overline{x_J} - \overline{v_J})} z_{ij}^D \quad g1, g2 = SL, SS, FL, FS, PL, PS$$

$$y_{0i}^g = \overline{x_l^g} - \frac{\overline{x_l^g}}{\overline{x_l}} \sum_{j=1}^{N} Z_{ij}^D - \overline{e_l^g} \tag{5.3}$$

最优二次函数式(1)，需要以下约束条件：

$$\sum_{g2=SL}^{OS} \sum_{j=1}^{K} (\widehat{Z_{l,J}^{g1,g2}}) + \widehat{y_l^{g1}} = \overline{x_l^{g1}} - \overline{e_l^{g1}} \tag{5.4}$$

$$\sum_{g1=SL}^{OS} \sum_{i=1}^{K} (\widehat{Z_{l,J}^{g1,g2}}) = \overline{x_l^{g2}} - \overline{v_l^{g2}} \tag{5.5}$$

$$\sum_{g1=SL}^{OS} \sum_{g2=SL}^{OS} (\widehat{Z_{l,J}^{g1,g2}}) = Z_{i,j}^D \tag{5.6}$$

$$\sum_{g1=SL}^{OS}\sum_{g2=SL}^{OS}(\widehat{Z_{l,J}^{F,g}})=Z_{i,j}^{F} \qquad (5.7)$$

$$\sum_{g=SL}^{OS}y_{l}^{g}=y_{i}^{D} \qquad (5.8)$$

$$\sum_{g=SL}^{OS}\sum_{j=1}^{K}\widehat{Z_{l,J}^{F,g}}+y_{i}^{F}=m_{i} \qquad (5.9)$$

$$\widehat{Z_{i,j}^{g1,g2}}\geqslant 0 \quad \widehat{Z_{i,j}^{F,g}}\geqslant 0 \quad \widehat{y_{l}^{g}}\geqslant 0 \qquad (5.10)$$

$$\sum_{g=SL}^{OS}\overline{v_{l}^{g}}=v_{i},\ \sum_{g=SL}^{OS}\overline{x_{l}^{g}}=x_{i},\ \sum_{g=SL}^{OS}\overline{e_{l}^{g}}=e_{i} \qquad (5.11)$$

(5.1)—(5.11)中出现的指标解释如下：

$\overline{x_{l}^{g}}$ 表示部门 i 中 g 类企业的总产出，$\overline{e_{l}^{g}}$ 表示部门 i 中 g 类企业的总出口量。$\overline{v_{l}^{g}}$ 表示部门 i 中 g 类企业的增加值。$Z_{i,j}^{D}$ 表示部门 i 的产品用作部门 j 产品中间投入的部分，$Z_{i,j}^{F}$ 表示部门 i 所进口的中间投入品用于部门 j 的部分。y_{i}^{D} 表示部门 i 产品的最终国内需求。y_{i}^{F} 表示最终进口产品的需求。m_{i} 表示部门 i 的最终进口量。

三、企业价值链位置的估算方法

安特拉斯等（Antràs 等，2013）提出了上游水平值的方法，该方法可以被用来测算每个细分行业在价值链中的具体位置。这种方法利用投入产出表的投入系数与行业产出来测算某一行业到最终产品的平均距离，即上游水平值（upstreamness）来计算各个行业位置。假设最终产品的水平值为1，当测算出的上游水平值越接近1，表示该行业离最终产品需求地越近，越靠近产业链末端。当测算出的上游水平值越大，表示该行业离最终产品需求地越远，越靠近产业链前端。i 产业上游水平值 U_{i} 的测算公式为：

$$U_{i}=1+\sum_{j=1}^{N}\frac{d_{ij}Y_{j}}{Y_{i}}U_{j} \qquad (5.12)$$

在(5.12)中，Y_{i} 为部门 i 的产出，Y_{j} 为部门 j 的产出. d_{ij} 表示部门 i 为产出1美元部门 j 所需要的金额，即投入产出表中的投入系数。$\frac{d_{ij}Y_{j}}{Y_{i}}$ 表示行业 i 被行

业 j 购买的产出份额。考虑贸易因素时,投入系数调整为 $\frac{d_{ij}Y_j}{Y_i - X_i + M_i}$,等同于:

$$U = [I - \Delta]^{-1} l \tag{5.13}$$

(5.13), $\Delta = \frac{d_{ij}Y_j}{Y_i - X_i + M_i}$, I 为单位矩阵,1 是每个元素都为 1 的列向量。

通过(5.13),本研究可以得到 42 个部门乘以 6 类企业,共计 252 * 252 阶矩阵。该矩阵可以反映出某一行业中的每一个企业,将其他类行业中的其他 5 类企业作为中间投入所需要的消耗系数。改造上述公式,本研究可以得到 6 类企业的上游水平值测算方法,下列公式为企业 $g1$ 测算方法:

$$\delta_{ij}^{g1} = \frac{\sum a_{ij}^{g1,g2} Y_j^{g2} + E_{ij}^{g1}}{Y_i^{g1}} \tag{5.14}$$

(5.14)中,δ_{ij}^{g1} 为企业 $g1$ 的上游水平值。$a_{ij}^{g1,g2}$ 为 $g1$、$g2$ 类企业的消耗系数,Y_j^{g1}、Y_j^{g1} 分别为行业 i 中的企业 $g1$ 与 $g2$ 的总产出。E_{ij}^{g1} 表示在部门 i 中企业 $g1$ 用于部门 j 出口的部分。其他类企业采用相同的测算方法。

本章的稳健性检验部分,使用安特拉斯等(2013)、阿尔法罗等(2018)以及吕越等(2020)更新的方法对上游度进行了测算,具体说明如下:使用中国海关数据库与中国工业企业数据库,计算出口企业上游度指数,用以表示企业所处的价值链位置。企业出口上游度越高,该行业或企业距离最终消费越远,越靠近价值链上游。企业 i 出口产品 j 的上游度 U_{ij},表示为企业生产测算的公式为:

$$U_{ij} = \sum_{j \in \theta} \frac{U_j^{hs} * E_{ij}}{\sum_{j \in \theta} E_{ij}} \tag{5.15}$$

(5.15)中,U_j^{hs} 表示特定产品 j 的上游度,E_{ij} 表示企业出口产品 j 的规模,$j \in \theta$ 表示产品 j 属于特定的产品集 θ。根据 Alfaro 等(2018),特定产品 j 的上游度指数可以表示为:

$$U_j^{hs} = 1 * \frac{F_j}{Y_j} + 2 * \frac{\sum_{k=1}^{N} d_{jk} F_k}{Y_j} + 3 * \frac{\sum_{k=1}^{N} \sum_{l=1}^{N} d_{jl} d_{jk} F_k}{Y_j} + \cdots \tag{5.16}$$

(5.16)中，F_j表示产品j被用于最终使用规模，d_{jk}表示产品j为生产单位价值k的产品所需要的金额，即投入产出表中的直接消耗系数。(5.17)也可以简写成以下形式：

$$U_j^{HS} = \frac{(I-D)^{-2}F}{Y_j} \tag{5.17}$$

(5.17)中，I表示K维单位矩阵，D为反映所有产品投入产出系数的矩阵。U_j^{HS}值越接近1，表明该产品更接近价值链的下游。由于产品之间投入产出系数的缺失，本研究采用吕越等(2020)对产品上游度的测算方法，首先利用2002—2012年可得的42个部门投入产出表，得到投入产出表中行业的上游度指数U_j^{IO}，然后根据联合国贸易数据库，结合SITC与四位码行业编码对应表，转换得到HS编码与四位码行业对应表(U_j^{IO}，U_j^{HS})，最后通过加权平均的方法得到产品j的上游度U_j^{HS}，具体公式为：

$$U_j^{HS} = \sum_{j \in \theta IO} \frac{U_j^{IO} * \text{Value}_{j,IO}}{\sum_{j \in \theta IO} \text{Value}_{j,IO}} \tag{5.18}$$

(5.18)中，$\text{Value}_{j,IO}$表示产业j的出口总额。由于HS编码中的产品j可能对应同一产业，也可能对应多个产业，因此，本研究根据吕越等(2020)，对采用不同HS编码的产品进行分类。对采用1996、2002、2007或2012年HS编码的产品，本研究根据联合国不同版本的HS对应表，首先将HS编码按当年的6位码转换为通用的SIC编码，使用SIC编码转为相对应的四位码行业代码，得到HS6位码与IO4位码的对应表。然后，在当年6位码行业对应的产品基础上，对应到每个8位码产品。再次，计算当年该8位码产品的上游度$U_j^{HS96/02/07/12,8}$，令其等于当年6位码产品的上游度指数$U_j^{HS96/02/07/12,6}$。最后，根据得到的不同HS编码下的产品上游度指数，结合投入产出表的可得性，利用(5.15)，分别得到每个企业不同产品的上游度指数。

四、城市价值链位置的估算方法

在计算出每个部门中每类企业的上游水平值后，本研究将得到上游水平值与经济普查数据库进行匹配，最后加总得到每个城市的上游水平值，该值可以用来衡量城市在价值链中所在的位置。定义城市i价值链位置的指标为$value_i$，

$value_i$ 的公式为：

$$value_i = \sum_i^j \sum_{g1=SL}^{OS} \delta_{ij}^{g1} \quad (5.19)$$

(5.19)中，δ_{ij}^{g1} 为企业 $g1$ 的上游水平值。城市价值链位置为城市中的各行业中 6 类企业进行加总后，再对各个行业进行加总。城市价值链位置的值越大，说明城市产业水平越倾向于产业链的上游，说明城市整体产业水平处在整个产业链的开始端，具有较多提供原材料和零部件制造和生产的部门。

第四节 模型设定与变量的构建

一、数据库的清洗与变量的估计

（一）数据库的清洗

由于投入产出表每五年发布一次，因此本章使用工业企业数据库和海关数据库的合并数据进行研究。工业企业数据库包含制造业与服务业企业的财务信息，数据量较全。根据唐(2018)，需要对工业企业数据库与海关数据库进行匹配。匹配之前，首先对工业企业数据库与海关数据库进行清洗。对于海关数据库，本研究根据 BEC 有关中间投入品的分类，识别海关数据库中的企业，区分哪些是进口中间投入品，然后将其匹配到海关库。本研究对海关数据库进行清洗，首先，HS8 位码中的前六位，为国际通用编码，本研究将其进行加总，而后匹配 HS02 编码，并匹配 BEC 编码。从 BEC 编码中识别中间投入品[①]。对于经济普查数据库与工业企业数据库，将数据库中数据为 0 值和负值的进行删除。

（二）数据库的匹配

本研究使用国民经济行业分类将清洗完成的数据库企业信息对应到具体行业中，通过加总各行业信息，得到具体某一行业的产出，增加值等信息。最后将数据库进行两两匹配，匹配的原则是：

（1）用企业名称进行匹配，即具有相同企业名称的数据认为是一家企业。

---

① https://unstats.un.org/unsd/tradekb/Knowledgebase/Intermediate-Goods-in-Trade-Statistics

(2) 若企业名称无法匹配,或者企业名称重复,则使用企业"法人代表名称"进行匹配。若"法人代表名称"依然无法匹配,使用"电话号码"进行进一步的匹配。

根据唐(2018),拓展扩展投入产出表到企业层面所需的企业数据主要包括:企业总产值,企业增加值与进口数据。这些数据的获取过程如下:类似唐(2017)的做法,将每一类所属相同行业的每个企业总产值进行加总,得到每个行业企业在这一类中工业总产值,然后计算出这一类行业企业在总企业中所占的比重,将该比重作为权重,计算在投入产出表中这类企业的权重。

(三) 增加值的估计

由于工业企业数据库中没有公布企业增加值数据,因此本研究需要对企业增加值进行估计。蔡和刘(Cai 和 Liu,2009)根据会计准则估算了企业利润(工业总产值－中间投入－财务费用－工资－当期折旧－增值税),然后用2000—2005年的数据进行检验,发现这种估计方法,拟合优度较好。同样,洪和乔(Hong 和 Qiao,2009)和聂辉华和江艇等(2012)也采用相同的做法对企业利润进行估计。本研究根据上述文章,进行公式变换,得到中间投入＝工业总产值－企业利润－财务费用－工资－当期折旧－增值税。因此,工业增加值的公式为:

$$
\begin{aligned}
\text{工业增加值} &= \text{工业总产值} - \text{中间投入} + \text{增值税} \\
&= \text{工业总产值} - (\text{工业总产值} - \text{企业利润} - \text{财务费用} - \text{工资} \\
&\quad - \text{当期折旧} - \text{增值税}) + \text{增值税} \\
&= \text{企业利润} + \text{财务费用} + \text{工资} + \text{当年折旧} + 2 * \text{增值税}
\end{aligned}
\quad (5.20)
$$

本研究通过获取上述指标,估计出工业增加值。对于服务业增加值,本研究根据会计准则进行估计,服务业增加值的测算公式为:

$$\text{服务业增加值} = \text{劳动者报酬} + \text{生产税净额} + \text{固定资产折旧} + \text{营业盈余} \quad (5.21)$$

本研究将经济普查数据库中的企业名称与工业企业数据库中的企业名称进行匹配,并进行拟合估计,检验出企业增加值与工业企业库中增加值拟合优度较高,证明了该方法的适用性。

二、模型选择

本章依然采用双重差分模型进行估计,本研究构建高速铁路开通对城市价值链位置影响的计量模型如下：

$$value_{i,t}^{psm-did} = \beta_0 + \beta_1 HSR_{i,t} + \gamma T + \beta_2 HSR_{it} * T + \beta_3 X_{i,t} + \mu_i + \varepsilon_{i,t}$$

(5.22)

(5.22)中，t 为年份，$value_{i,t}$ 表示城市 i 在 t 年在价值链中所处的位置。这里 t 为年份。$HSR_{i,t}$ 为 t 年是否开通高速铁路的虚拟变量，开通了高速铁路取值为1，未开通高速铁路取值为0。T 为时间虚拟变量，取1代表高速铁路开通前的年份，取0代表高速铁路开通后的年份。β_1 衡量了是否开通高速铁路在地区上的差异。γ 衡量了开通高速铁路前后在时间上的差异。交互项 $HSR_{it} * T$ 的系数 β_2 为本研究所关心的，是否开通高速铁路的效果，可以真正反映高速铁路在实验组与对照组的影响差异。μ_i 为地区固定效应，$\varepsilon_{i,t}$ 为残差项。$X_{i,t}$ 为控制变量，这些变量影响了地区是否开通高速铁路，变量主要包括常住人口、固定资产投资存量、第三产业产值占比、机场旅客吞吐量、高速公路条数、每地区高速公路通行里程以及"是否为东部城市""是否为西部城市"等城市区位因素。μ_i 为地区固定效应，ε_{it} 为残差项。

三、样本尺度与时段

本研究尺度为县级层面。自2008年1月，我国真正意义上的第一条高速铁路京津城际高速铁路开通以来，到2014年底，我国经停的包括动车组列车在内的高速铁路车站共561个，途经22个省、市、自治区。鉴于部分开通高速铁路车站的地区，在开通前并没有普通火车通过，为了更加全面地衡量在政策执行前后高速铁路车站对城市产业链位置的影响，本研究将这类地区删除，最终得到428个可比的车站信息。由于投入产出表的核算5年一次，本研究使用拓展到地级市层面的2007年投入产出表与2012年投入产出表的数据，分别与工业企业数据库、海关数据库进行匹配。本研究将2012年作为政策执行点，将2007年未开通高速铁路的地区作为"实验组"，将2012年开通高速铁路的地区作为"控制组"。考虑到2012年未开通高速铁路的城市很可能在2012年以后开通高速铁路，因此将研究期内2012年以后开通高速铁路的地区从"控制组"中删除。

四、其他指标的获取

经济生产要素：影响城市产业链变量的主要是城市本身的经济情况以及城

市所处的区位条件,这里我们选取影响城市经济质量的指标包括年末常住人口、固定资产投资存量、第三产业产值占比、机场旅客吞吐量。所有数据均来源于2007—2015年《中国区域经济年鉴》《中国县域年鉴》《中国城市年鉴》以及各省市年鉴与统计公报。值得说明的是,国家"十三五"规划指出,高速铁路建设的目标在于,惠及全国80%以上,城区常住人口100万以上的城市,我们使用城市常住人口,作为衡量城市劳动力规模的重要指标,我们使用GDP除以人均GDP来计算常住人口。资本投资是驱动中国城市经济增长的动力,我们使用固定资本存量的数据,该数据使用永续存盘法进行计算。参考张军等(2004)的研究结果,固定资本折旧率=4%。为消除物价对不同年份数据的影响,分别采用固定资本折算指数与GRP折算指数进行折算。

高速公路替代交通设施:高速铁路站点一般建设在原有普通火车线或者原有高速公路线路的基础之上,对其进行直线化或者轨距标准化,或者在原有节点上重新设计建立,因而,之前停靠过普通火车的站点或高速公路节点,基本上都会增设高速铁路车站,说明高速公路或普通火车对于城市是否能够开通高速铁路有着重要的作用。鉴于无法获得连续10年的普通火车频次,为得到连续的解释变量,本研究选择高速公路作为衡量城市交通基础设施的指标,选择的主要指标包括每个地区高速公路通行里程。指标的搜寻过程为,先将高速公路的具体开通信息在网络上搜寻出,构成全国所有的高速公路网络图,而后根据节点的信息在 ArcGIS 中与县级图层进行匹配,通过面与线之间的相交,将各地区每一条高速公路通车的里程数测量出来,最后与各县名称进行匹配。

飞机替代交通设施:大部分文献从快速度考虑了航空作为高速铁路的一种替代,并进行相关研究(Jiménez 和 Betancor,2012;Clewlow 等,2014;Albalate 等,2015)。考虑高速铁路效应主要是人力资本流动效应,本研究将机场旅客吞吐量作为高速铁路重要的一个替代变量考虑进模型中。全国各个地区机场旅客吞吐量的获取主要来源于国家民用航空局公布的 2006—2014 年机场生产统计公报。截至2014年底,我国已开通的机场共218个,本研究在百度地图上分别将这218个机场所在的市、县与高速铁路数据库中高速铁路站点所在的县、市一一对应。这里,为了满足研究方法的实验前测,本研究删掉北京、上海、广州、深圳特大城市的数据,样本共计214个。将机场吞吐量的数据与高速铁路数据库进行匹配,进行实证分析。

区位因素：地理位置等区位条件影响着地区经济发展，本研究加入变量"是否为东部地区""是否为西部地区"来衡量由于区位不同所造成的新建高速铁路站点对城市在网络中位置影响的差异。旅游城市的交通需求会对高速铁路站点选址产生影响(Lin，2014)，加入变量"是否有 5A 级的景区"来衡量新建站是否对于旅游资源丰富县域中心性提升作用更大。

表 5.1　城市层面描述性统计

解释变量和控制变量	均值	标准差	最大值	最小值
城市所处价值链位置	17.11	0.16	19.98	1.09
固定资产投资(对数)	12.99	1.19	16.91	7.10
高速公路通行里程	3.15	1.98	8.79	0
每省境内高速公路条数	1.81	1.55	21	0
是否开通高速铁路	0.12	0.32	1	0
是否为西部地区	0.39	0.48	1	0
是否为东部地区	0.26	0.44	1	0
是否为中部地区	0.35	0.48	1	0
机场旅客吞吐量(对数)	0.41	0.23	17.23	0.51
常住人口(对数)	3.52	0.53	6.93	−0.22
第三产业占比	0.29	0.13	0.89	0.09

第五节　实证结果

一、基本回归结果及分析

本节采用基准回归分析高速铁路开通对城市价值链位置的影响。由于本研究控制变量中存在城市层面的多项指标,包括城市总人口、常住人口、固定资产投资存量、第三产业产值占比、城镇居民平均工资等指标,一般来说城市常住人口越多,城市市场规模越大,市场竞争力越强,固定投资量就越多。指标之间可能存在多重共线性。首先采用 VIF 检验对于模型的共线性进行检验。VIF 检验的结果见表 5.2,各个变量的 VIF 值均小于 10,所有变量的平均 VIF 值同样小于 10,说明各指标之间不存在多重共线性问题。

表 5.2 模型 1VIF 检验结果

解释变量和控制变量	VIF 值	1/VIF 值
价值链位置	4.99	0.200
是否开通	0.93	0.968
固定资产投资	1.77	0.565
第三产业产值占比	1.76	0.569
每地区高速公路通行里程	1.21	0.826
每地区高速公路的条数	1.18	0.849
是否为西部地区	2.4	0.971
是否为东部地区	0.12	0.982
机场旅客吞吐量	1.54	0.892
第三产业增加值占比	0.34	0.834

接下来,本研究采用双重差分方法进行实证检验。基本回归见表 5.3。

表 5.3 基本回归结果

解释变量和控制变量	(1) lnvalue	(2) lnvalue	(3) lnvalue	(4) lnvalue
是否开通与开通时间交叉项	0.540*** (10.66)	0.526*** (10.02)	0.405*** (9.20)	0.392*** (9.57)

续 表

	(1)	(2)	(3)	(4)
是否开通	0.022*** (3.82)	0.023*** (4.13)	0.025*** (4.56)	0.02*** (5.29)
开通时间	0.018*** (3.23)	0.018*** (2.78)	0.017*** (3.86)	0.017*** (4.00)
固定资产投资		0.394*** (63.84)	0.391*** (63.34)	0.385*** (44.91)
第三产业增加值占比		0.012*** (32.27)	0.146*** (39.99)	0.184*** (2.68)
每地区高速公路的条数			0.001*** (6.77)	0.001*** (5.58)
机场旅客吞吐量			0.118*** (18.15)	0.11*** (15.14)
每地区高速公路通行里程			0.075*** (6.879)	0.067*** (5.77)
是否为东部地区				0.075*** (6.88)
是否为西部地区				−0.079*** (−6.94)

注：括号内为回归系数对应的 t 值；***、**、*分别表示1%、5%和10%的显著性水平。

表5.3为高速铁路开通对城市所处价值链位置的基本回归结果。总体来看，各个模型的F值较大，联合显著性均很高，这说明本研究设定的计量模型具有较强解释力。从解释变量的回归结果上看，模型(1)—(4)分别为考虑不同控制变量下，高速铁路开通对于提升城市所处价值链地位的影响。模型(1)的结果表明，在不考虑其他控制变量的情况下，开通高速铁路对于城市价值链位置的提高具有显著的正向作用，且作用系数较大，达到0.54。模型(2)的回归中加入考虑影响城市产业链的变量，包括固定资产投资、第三产业占比。固定资产投资是产业结构优化和升级的先导和杠杆(耿修林，2010)，固定资产与产业结构具有一

定的相关关系,估计结果符合预期,固定资产投资水平越高的地区,越倾向于处于价值链的高位。第三产业占比越高,服务业发展水平较高,城市中提供中间品的上游产业较多,越有利于城市价值链位置的提升。估计结果依然符合预期,第三产业占比越高,城市在价值链位置越靠前。模型(3)为考虑替代交通基础设施后的估计结果。结果表明,一个地区交通基础设施禀赋会对城市在价值链中的位置产生影响。一般而言,城市既拥有机场,又拥有多条高速公路穿过的地区,该城市在价值链中的位置较靠前。模型(4)为考虑城市区位差异对城市价值链位置的影响。结果表明,高速铁路对东部地区城市价值链地位的提升具有正向作用,对于西部地区,作用相反。

二、分位数回归结果分析

基本回归结果可以得出高速铁路对于城市价值链位置的提高确实有显著的影响。那么,对于处于价值链不同位置的地区影响又是如何呢?本研究采用分位数回归的方法,进行研究。分位数回归(koenker and bassett,1978)是在实证研究中广泛用到的一种计量方法,该方法主要是通过回归分析,研究解释变量对处于不同分位数的被解释变量的影响。在这里,本研究将城市价值链位置,按照其所在的25、50以及75分位数分为3类,分别代表价值链低位城市(25分位及以下)、价值链中位城市(25—50分位)以及价值链高位城市(50分位及以上),进行双重差分回归,表5.4汇报了本研究的回归结果。

表5.4 各分位数回归系数

解释变量和控制变量	中心性(CC_i)<QR_25 (1)	中心性(CC_i)<QR_50 (2)	中心性(CC_i)>QR_50 (3)
是否开通与开通时间交叉项	0.256 (0.98)	0.268 (1.26)	0.245*** (4.01)
开通时间	0.081*** (4.48)	0.092*** (4.18)	0.098*** (4.34)
是否开通	0.25 (1.45)	0.26 (1.07)	0.278*** (4.74)

续 表

解释变量和控制变量	中心性(CC_i)<QR_25 (1)	中心性(CC_i)<QR_50 (2)	中心性(CC_i)>QR_50 (3)
固定资产投资	0.298*** (3.23)	0.367*** (4.34)	0.378*** (4.92)
第三产业产值占比	0.011*** (4.65)	0.012*** (4.99)	0.014*** (4.68)
城市综合交通连通性	0.011 (0.36)	0.003*** (7.57)	0.003*** (4.19)
机场旅客吞吐量	0.021 (1.49)	0.012* (1.73)	0.012** (2.74)
每地区高速公路的条数	0.099*** (3.81)	0.054*** (2.77)	0.015 (0.61)
每地区高速公路通行里程	—	0.061*** (4.167)	0.062*** (4.364)
是否是东部地区	—	0.011* (1.96)	0.012** (2.45)
是否是西部地区	−0.059*** (−2.91)	−0.082*** (−3.70)	−0.032*** (−4.89)
常数项	−6.056*** (−7.65)	−3.989*** (−8.48)	−3.445*** (−4.20)

注：括号内为回归系数对应的 t 值；***、**、* 分别表示1%、5%和10%的显著性水平。

从表5.4中可以看出：高速铁路开通对城市价值链位置的影响，在小于25%、25%—50%以及50%以上分位数，具有不同的回归结果。其中，对于分位数大于50%的地区，在99%的置信区间内通过检验具有正向的促进作用，对于小于25%、25%—50%地区，并没有发现显著的影响，回归结果在小于25%、25%—50%地区并不显著。对于固定资产投资、第三产业产值占比的回归结果表明，固定资产投资、第三产业产值占比对于价值链小于25%、25%—50%、大于50%的城市均有显著的正向作用。对于替代交通基础设施的回归结果表明，飞机、高速公路对于开通高速铁路处于价值链中位的城市,具有显著的正向作用。在这里本研究借用交通连通性的概念,将城市综合交通连通性考虑在回归模型中,结果表明,高速铁路开通前后,城市综合交通连通性对价值链位置较高的城市,具有显著的促进作用。也就是说,本身交通资源禀赋较高,高速铁路能够对该城市价值链位置有显著的影响。

三、稳健性检验

本节的稳健性检验,使用安特拉斯等(2013)、阿尔法罗等(2018)的方法对上游度进行了测算,验证高铁开通是否能够带来城市价值链地位的变化。分析结果如表5.5。

表5.5 高铁影响价值链位置的稳健性检验

VARIABLES	(1) lnvalue	(2) lnvalue	(3) lnvalue	(4) lnvalue
opensornot_t	0.335***	0.348***	0.227***	0.271***
	(3.21)	(3.08)	(13.63)	(14.44)
Control	NO	NO	YES	YES
Firm	NO	YES	YES	YES
Year	NO	YES	YES	YES
Constant	3.891***	5.559***	314.727***	310.876***
	(1 068.34)	(4.40)	(27.12)	(26.66)
N	1 960	1 960	1 960	1 960
R-squared	0.172	0.132	0.175	0.175
F	10.29	568.4	1 223	1 038

表5.5为高铁如何影响城市价值链位置的稳健性检验结果。模型中依次增加"时间固定效应""地区固定效应",回归结果依旧显著为正,证明了本节的基准结论。

四、内生性问题的处理

本研究同样采用第四章中的工具变量法处理内生性问题。本研究选择纳恩和普加(Nunn 和 Puga,2012)定义的"地形崎岖指数",作为高速铁路的工具变量进行研究。回归结果见表5.6。

表5.6 使用年份交互的工具变量回归

VARIABLES	(1) First stage	(2) Second stage	(3) IV
HSR	—	0.206**	0.694*
	—	(2.51)	(1.92)
IV	0.000** (2.54)	—	—
Control	YES	YES	YES
Firm	YES	YES	YES
Year	YES	YES	YES
Cluster.City	YES	YES	YES
Constant	2.257***	109.521***	3.489***
	(1.10)	(12.41)	(8.69)
Observations	17 640	17 640	17 640
R - squared	0.232	0.222	0.175
F	18.4	10.29	13.82

回归结果表明,使用"地形崎岖指数"作为控制变量,结果依旧显著。这说明了回归结果的稳健性。

五、考虑城市异质性的回归结果分析

基本回归结果表明,高速铁路对于城市价值链位置的提高有显著的影响。

但基本模型中,并没有揭示到底对哪些城市作用较大,对哪些城市作用较小的问题。因此本节,从城市异质性角度考虑,分别对高速铁路对不同条件下的城市影响进行分析。假说2认为:中心城市处于制造业链条的高端位置,需要高端的生产性服务业与之相配套,高速铁路带来的高人力资本,使中心城市具备发展的条件,因此理论预期对于产业链高位的中心城市具有显著的正向影响。假说3认为:高速铁路能否发挥效应与城市规模有关。当城市规模较大,因此要素成本较低,有利于更多的提供中间产品的服务业集聚,城市更多位于价值链上游。当城市规模较小,因而要素成本较低,交易成本较大,有利更多依赖原材料的制造业企业集聚,城市更多位于价值链下游。因此城市规模对于城市在价值链中的位置,具有重要的作用。因此,根据上述假说,本研究检验高速铁路对于中心城市价值链位置、对于不同城市规模的不同影响。

(一)城市异质性:中心城市

现有文献对于中心城市的定义没有统一的标准,孙红玲(2012)虽然在其研究中没有明确的定义,但从其样本选择来看,省会城市即为一个地区的中心城市。茹乐峰等(2014)将中国中心城市定义为全国所有地级市。可以说,定义都并不十分准确。本研究沿用第六章利用城市腹地重新划分的城市群,将划分出的全国城市群领头城市作为中心城市进行实证分析,本研究定义虚拟变量"是否为中心城市(centralcity)",该变量与"是否开通高速铁路(opensornot)"以及"开通时间(t)"的交叉项,作为分析结果见表5.7。

表5.7 高速铁路对中心城市的回归结果

解释变量和控制变量	价值链位置 (value) (1)	价值链位置 (value) <QR_25 (2)	价值链位置 (value) 50<QR_75 (3)	价值链位置 (value) >QR_75 (4)
是否开通与开通时间交叉项	0.046*** (9.90)	0.050* (1.74)	0.051*** (3.20)	0.062*** (9.31)
开通时间	0.083*** (5.74)	0.15 (0.68)	0.085** (2.10)	0.085*** (5.92)
是否开通	0.409*** (8.03)	0.34 (2.02)	0.378** (2.04)	0.416*** (8.26)

续 表

解释变量和控制变量	价值链位置（value）(1)	价值链位置（value）<QR_25 (2)	价值链位置（value）50<QR_75 (3)	价值链位置（value）>QR_75 (4)
固定资产投资	0.223*** (3.23)	0.295* (1.69)	0.267*** (3.64)	0.245*** (3.65)
第三产业产值占比	0.021*** (3.56)	0.022*** (3.76)	0.019*** (3.78)	0.014*** (3.98)
城市综合交通连通性	0.004*** (3.38)	0.004*** (3.47)	0.004*** (3.38)	0.004*** (3.07)
机场旅客吞吐量	0.011*** (4.76)	—	0.011*** (3.66)	0.011*** (4.33)
每省内高速公路的条数	—			
是否是东部地区	0.082*** (4.53)	—	—	0.075** (2.26)
是否是西部地区	−0.045** (−2.38)	−0.04* (−1.86)		−0.03*** (−4.61)
是否为中心城市*是否开通*t	0.458*** (4.06)	—	—	0.363*** (4.54)
是否为中心城市*是否开通	0.035*** (3.29)	—	0.018* (2.00)	0.032*** (4.98)
是否为中心城市	0.11** (2.77)	—	—	0.108*** (2.92)
常数项	0.248*** (2.68)	0.254*** (2.69)	0.329*** (3.12)	0.327*** (3.17)
城市固定效应	YES	YES	YES	YES

表5.7中,模型(1)—(4)分别为对全部样本以及对于处于价值链位置不同分位数小于25%、50%—75%、大于75%的回归结果。估计结果表明,在加入"是否为中心城市*是否开通*t"变量后,高速铁路对城市价值链位置的正向影

响依然不变,从侧面说明了结果的稳健性。"是否为中心城市 * 是否开通 * t"在全样本回归显著为正,说明倘若开通高速铁路的地区为中心城市,则对中心城市价值链位置提高的影响显著快于非中心城市,说明高速铁路对于中心城市价值链地位提升的重要作用。从不同分位数来看,本身处于价值链较高的中心城市,高速铁路对其价值链提升的作用最强。对于本身处于价值链较低位的中心城市,没有发现显著影响。

(二)城市异质性:城市规模

《关于调整城市规模划分标准的通知》将城市划分为五类七档。城区常住人口 50 万人以下的城市为小城市,其中 20 万人以上 50 万人以下的城市为Ⅰ型小城市,20 万人以下的城市为Ⅱ型小城市;城区常住人口 50 万人以上 100 万人以下的城市为中等城市;城区常住人口 100 万人以上 500 万人以下的城市为大城市。为防止多重共线带来结果差异,本研究将城市常住人口按照上述标准进行分类,构建 4 个虚拟变量,用以表示该城市是小城市、中城市还是大城市。虚拟变量分别为"该地区常住城市人口小于 20 万人"、"该地区常住城市人口 20 万人到 50 万人"、"该地区常住城市人口 50 万人到 100 万人"以及"该地区常住城市人口 100 万人以上"。为了避免多重共线性,本研究将四个虚拟变量中的三个,"该地区常住城市人口小于 20 万人"、"该地区常住城市人口 20 万人到 50 万人"、"该地区常住城市人口 50 万人到 100 万人",纳入模型进行回归,回归结果见表 5.8。

表 5.8 高速铁路对不同城市规模的回归结果

解释变量和控制变量	价值链位置（value）(1)	价值链位置（value）<QR_25 (2)	价值链位置（value）50<QR_75 (3)	价值链位置（value）>QR_75 (4)
是否开通与开通时间	0.14*** (4.73)	0.05 (0.10)	0.101* (1.96)	0.144*** (4.73)
开通时间	0.124*** (3.86)	0.012 (0.87)	0.012** (2.77)	0.176** (3.48)
是否开通	0.025*** (5.14)	—	0.027*** (3.98)	0.027*** (4.40)

续 表

解释变量和控制变量	价值链位置（value）(1)	价值链位置（value）<QR_25 (2)	价值链位置（value）50<QR_75 (3)	价值链位置（value）>QR_75 (4)
城市综合交通连通性	0.004*** (3.60)	0.004*** (3.76)	0.004*** (3.67)	0.004*** (3.92)
机场旅客吞吐量	—	—	0.021*** (4.34)	0.016* (1.99)
每省内高速公路的条数	—	—	—	0.068*** (3.82)
是否是东部地区	0.082*** (3.99)	—	—	0.078** (2.22)
是否是西部地区	−0.372*** (−3.16)	—	—	0.034*** (4.99)
是否为常住人口小于20万城市	0.875* (2.00)	—	—	−0.023* (−1.84)
是否为常住人口20万至50万城市	0.235*** (−3.71)	—	0.257** (2.15)	0.193* (1.73)
是否为常住人口50万至100万城市	0.02* (1.81)	0.021* (1.99)	0.023*** (3.24)	0.026*** (4.91)
是否为常住人口小于20万城市*是否开通高速铁路*t(开通时间)	—	—	—	−0.107* (−1.86)
是否为常住人口20万至50万城市*是否开通高速铁路*t（开通时间）	—	—	—	—
是否为常住人口50万至100万城市*是否开通高速铁*t	0.324** (4.23)	0.021* (1.98)	—	0.582*** (3.88)
常数项	0.23*** (4.05)	0.017*** (2.47)	0.235*** (3.85)	0.257*** (4.75)
城市固定效应	YES	YES	YES	YES

表 5.8 中,模型(1)—(4)分别为对全部样本以及对于处于价值链位置不同分位数小于 25%、50%—75%、大于 75% 的回归结果。估计结果表明,在考虑城市市场规模对城市价值链位置的影响时,常住人口 50 万—100 万人的地区,高速铁路对其价值链位置的提升具有显著的效应。说明市场规模越大,越有利于服务业企业的集聚,城市所处的价值链位置提升得越快。从不同分位数来看,本身处于价值链较高且城市规模较大的城市,高速铁路对其价值链提升的作用最强。对于本身处于价值链较低位但城市规模较小的中心城市,有负向的影响,但显著性不强。

第六节 小 结

本章主要研究了高速铁路对城市价值链位置的影响。根据第三章提出的理论模型,本研究提出三个理论假说,认为高速铁路的开通带来的城市活动效应的大小与城市产业链的位置有关(需求联系与供给联系)。当该地区行业大多靠近产业链前段(上游)时,其下游的行业越多,即需求方较多,给众多企业提供中间品,受到买方垄断的可能性较小,上下游企业的后向关联效应(需求效应)较大,垂直联系度较高,更利于产业的集聚。反之,当其下游的行业较少,即供给方较少,受到买方垄断的可能性较大,后向关联效应较小甚至为负,垂直联系度较低,不利于产业的集聚。同理,当该地区行业大多靠近产业链末段(下游)时,其上游的行业越多,即供给方较多,给众多企业提供中间品,可以学习模仿交流的技术多样性较高,受到卖方垄断的可能性较小,前向关联效应(成本关联效应)较大,垂直联系度较高,更利于产业的集聚。同理,反之,当其上游的行业较单一,即供给方较少,受到卖方垄断的可能性较大,前向关联效应较小(greenhut & ohta,1979),垂直联系度较低,不利于产业的集聚。

本章研究使用 2007 年与 2012 年中国科学院与国家统计局共同编织的国家 42 个部门进口非竞争性投入产出表(IO 表)进行分析。根据唐(2018)建立的通用框架,使用 2008 年中国经济普查数据库数据与国家 2007 年与 2012 年非竞争性投入产出表信息,将投入产出表中 42 个部门中的每个行业,分为大型国有、中小型国有、大型私有、中小型私有、大型外资、中小型外资企业 6 类,使用二次优化模型求得行业中的每个企业用另一企业充当中间投入的消耗系数,以此来计算每个城市的上游水平值,进而将得到上游水平值与经济普查数据库进行匹配,最后加总得到每个城市的上游水平值,该值可以用来衡量城市在价值链中所在的位置。

  实证结果分析得出,高速铁路发展对于城市价值链地位的提升有显著正向作用,且对于分位数大于50%的地区,正向促进作用最大。同时,根据假说二与假说三,本章对于高速铁路对中心城市以及不同城市规模进行了检验。对于中心城市的估计结果表明,高速铁路对城市价值链位置的影响在中心城市大于非中心城市,且本身处于价值链较高的中心城市,高速铁路对其价值链提升的作用最强。对于本身处于价值链较低位的中心城市,没有发现显著影响。不同城市规模的回归结果表明,市场规模越大,越有利于服务业企业的集聚,城市所处的价值链位置提升得越快。从不同分位数来看,本身处于价值链较高且城市规模较大的城市,高速铁路对其价值链提升的作用最强。对于本身处于价值链较低位但城市规模较小的中心城市,有负向的影响,但显著性不强。

第六章
高速铁路对于城市群网络中心性的影响

铁路运输是中国城市之间最为重要的交通模式。中国政府长期致力于高速铁路的选址与建设。"十一五"规划提出要建设快速客运网络;"十二五"规划强调发展高速铁路,形成快速客运网络;"十三五"规划提出,到2020年,高速铁路营业里程达到3万公里,覆盖全国80%以上的大城市。截至2017年,中国高速铁路营运里程已超过2.5万公里,成为世界上高速铁路运营里程最长、列车开行数量最多的国家。国家铁路总公司在关于《城镇化地区综合交通网规划》中提到,到2020年,京津冀、长三角、珠三角三大城市群基本形成城际交通网络,相邻核心城市之间、核心城市与周边节点城市之间实现"一小时"通勤圈,大部分核心城市之间、核心城市与周边节点城市之间实现"1—2小时"通勤圈。可见,中国高速铁路建设的目的是使城市之间通过交通基础设施的连接,加强相互联系,增加区域可达性,以促进区域共同协调、均衡发展。那么,高速铁路站点开通后,城市之间的经济联系的确有加强吗?对什么样的城市经济联系强度变化大,对什么样的城市经济联系强度变化小,通过什么途径增加城市之间的联系呢?这些问题需要予以重视。本研究借助互锁网络模型中城市连结性的概念,按照人口密度,划分全国城市为不同等级区域中心城市,在此基础上,基于经济联系度,根据腹地理论,打破现有行政边界,重新划分全国321个区域中心城市及地级城市的势力圈,进而将全国县级城市划分为三类不同层次的城市群与非城市群,计算出每个城市在该城市群中的中心性,并构建实证模型,对于高速铁路开通是否影响城市群经济联系中心性,以及影响发生的条件与机制进行了检验。

第一节 引　言

高速铁路站点通过减少时间成本改变了城市可达性,帮助企业扩大市场,创造更多价值(Givoni,2006;Campos 和 de Rus,2009)。中国政府致力于推动高速铁路的研究与建设,在"十一五"规划中,提出要建设快速客运网络;在"十二五"规划中强调发展高速铁路,形成快速客运网络;在"十三五"现代综合交通运输体系发展规划中,明确提出,到 2020 年,高速铁路营业里程达到 3 万公里,高速铁路覆盖全国 80%以上,城区常住人口 100 万人以上的城市。随着高速铁路路网建设的逐步铺开,全国各地围绕着高速铁路线路走向、设站开展各种"高速铁路争夺战",各地政府把建设"高铁新城"作为地区经济发展的机遇。在全国"八纵八横"的高铁网络上,已规划或建设许多座高铁新城,密度最大的属京沪线和哈大线。京沪线上,24 个站点共有 15 座高铁新城;哈大线上,23 个站点已有 9 座。本研究通过研究站点选址对城市网络中心性的影响,试图解释车站吸引力差异产生的原因。本研究认为,由于高铁站点选址所带来的旅行时间差异是导致车站可达性差异的主要原因,利用复杂网络的概念,通过构造影响城市网络的理论模型,研究高铁站点选址对城市网络中心性的效应。

本研究第二部分回顾有关高速铁路站点选址对城市经济活动影响的文献,指出前人研究的不足,提出本研究的创新点。第三部分构建高速铁路站点选址如何影响城市网络中心性的理论模型。第四部分进行实证检验,验证理论合理性并进行稳健性检验。第五部分总结全文进行讨论并提出对策建议。

目前,城市交通网络研究包括交通线路网络、城市通勤网络和城市航空网络三类。迪尔(Dill,2004)将路网密度、连通节点比、交叉口密度和节点比作为衡量网络的指标。波特(Porta 等,2006)将节点性质、车站个数、效率等因素考虑在内,构建了道路网络。金凤君和王姣娥(2004)利用复杂网络,评价了中国航空网络的层级与变化。宋伟等(2008)与于涛方等(2008)利用航空数据,研究了中国城市层级结构。钟业喜和陆玉麒(2012)利用江苏省交通路网数据,对城镇等级体系及其腹地吸引范围进行划分。赵映慧等(2016)利用东北三省城市间的公路与铁路客运班次,利用复杂网络分析法,分析了城市的网络联系与中心性。这些研究结果表明,航空、铁路等交通基础设施对城市等级、空间结构的变化发挥了重要作用。近年来,作为一种新兴的运输方式,高速铁路通过提高城市间的火车频次,增强了城市间的空间联系(Jiao 等,2017)。这类研究大多在地理学的分析框架内,使用地理学的分析方法进行分析。例如,王姣娥和丁金学(2011)利用可达性方法,研究了高速铁路网络布局和规划,及其对中国城市空间结构的潜在影响。焦敬娟等(2016)利用铁路客运班次数据,研究了高速铁路建设对城市等级以及空间格局的影响。文献大多用于解释高速铁路对城市等级与空间结构变化的影响,较少涉及高速铁路站点与城市网络关系的分析。

有关对城市活动影响的文章大多集中在高速铁路可达性对城市活动的作用上(Ureña 等,2009;Monzón 等,2013;Bouf 等,2015;Chen 和 vickerman,2017),这类文献基于高速铁路建立可达性指数,以距离或时间来测度可达性,得出结论认为,改善交通基础设施可以通过减少城市之间的时间来改善区位的经济潜力(Clark 等,1969;Keeble 等,1982a;Monzón 等,2013;Bouf 等,2015)。陈和维克曼(Chen 和 Vickerman,2017)认为,这种使用投资量或距离来衡量地区可达性时,存在不能区分产业结构差异或忽略区域利用新机会的潜力,不能完整地反映城市可达性的实质内涵。而且,在分析高速铁路的效应时,必须考虑高速铁路区别于其他交通工具的特质,即高速铁路必须通过站点才能对城市发挥作用,因此在提升高速铁路速度使其对经济发展发挥作用时,必须考虑限制高速铁路停靠站点的数量(Chen 和 Vickerman,2017)。因此,高速铁路可达性的这种不连续性,使得考虑开通高速铁路对重塑城市版图的效果时,要充分考虑高速铁路站点的城市质量。想要评价一地区交通质量的好坏是比较困难的一件事,因为有众多因素影响了站点的质量。作为研究交通系统性能绩效的指标,连通性可以很好地被用来评价交通节点质量的好坏,对于研究更小空间单元更有意义(Willigers 等,2011)。

总体来看,第一,从经济学角度研究高速铁路对城市中心性影响的文献较少,现有文献大多是从地理学角度出发,构建能够反映城市网络属性的指标,进行对比,缺乏经济学理论的支撑与实证检验,很难具有很强的说服力与代表性。第二,现有文献对城市群的界定,大多从国家行政区划上来定义城市群,缺乏用经济学思维划分的城市,忽略了城市之间联系的重要性,很容易将联系度较强的城市割裂开。第三,从可达性角度研究高速铁路开通对城市中心性影响的文献已有一些(Ureña 等,2009；Monzón 等,2013；Bouf 等,2015),但这些文献没有突破可达性概念的制约框架,大部分是从时空收敛的角度,构建可达性指标,研究高速铁路开通后某些地区通勤时间或距离上的变化,没有将城市交通质量考虑在内。很有启发性的文献,Chen 和 Vickerman(2017)考虑了高速铁路可达性非连续性特点,基于比较中国与欧洲高速铁路建设站点之间可达性的变化,解释了高速铁路对区域经济的影响。这篇文章将可达性的概念由单一指标变为考虑连通性更加复杂的定义。但文献多为指导性的概念,缺少实证检验是否基于考虑连通性的可达性对城市经济活动确有影响。

因此,本节从以下五个方面丰富了现有研究:第一,打破现有行政区划的限制,结合 ArcGIS 与 CAD 软件,借助腹地的概念,重新划分全国 287 个地级城市的势力圈。并在此基础上,分割全国所有城市为 31 个城市群;第二,将连通性的概念引入高速铁路经济影响的分析框架,认为高速铁路是否能够引致的人口流动,进而改变城市经济联系的大小,取决于城市综合交通连通性大小。这里的连通性,是内部交通方式的便捷度以及城市之间通达性的统一;第三,本研究改进交通基础设施节点连通性的指标,对于城市连通性的测度,本研究改进曹等(Cao 等,2013)与王等(Wang 等,2014),考虑城市高速公路与机场的性质,综合考虑城市间使用高速铁路不同交通方式对城市联系度的影响;第四,打破了原有的空间尺度,研究样本选择为 2006—2014 年全国 1 980 个县(区)、市、旗层面数据,比较在高速铁路通车前后高速铁路设站与不设站各城市中心性的变化,来检验高速铁路开通的影响。为最大限度地保证高速铁路开通前后对经济影响的外生性,本研究剔除了经济发展水平较高的大城市,利用双重差分法,分别对通车城市与倾向得分匹配(PSM)的配对样本城市进行检验;第五,文章借鉴吴常艳(2017)对于经济联系度的测算以及对距离的测算时,本研究进行了创新,利用 2006—2014 年全国县级层面数据与矢量图,结合 ArcGIS OD 成本矩阵分析,测出 2006—2014 年城市每年走普通公路、高速公路、高速铁路的最短时间距离。

第二节　影响机制和假说

早在 20 世纪 90 年代,内生经济增长模型已经证实了公共政府支出对刺激经济增长的作用(Barro,1990;Aschuauer,1989)。交通基础设施投入通过加快市场交易以及产业间的外部性(Jimenez,1995)来提升生产环节的生产率与长期经济增长。随后,马丁和奥塔维亚诺(Martin和Ottaviano,1999)首次将内生经济增长引入新经济了地理模型中,在内生经济增长模型中,知识资本或者人力资本具有规模收益递增的特征。随着一地区资本的增加,溢出效应加强,人们更易于创造新的知识和技术,不存在资本规模报酬递减对经济增长的约束。

高速铁路主要是运载"人"的交通工具,而人是信息传播最有用的媒介,需要当面接触才能传播信息(黄张凯等,2016)。高速铁路运输的相当多一部分,为商务、洽谈、会议、科研等为主的"高人力资本"。这部分客流多为企业家或知识分子。高速铁路开通,影响了城市间企业家与知识分子流动的速度,知识分子与企业家更快、更便捷地进入其他地区,面对面进行交流的可能性与灵活性更高,降低了城市间交易成本,提高了市场的开放度。安德森(Anderson,1979)发现,地区间贸易相互影响,在控制其他地区影响的基础上,两地区的贸易随着贸易障碍(Trade Barier)的增加而减少。那么,高速铁路连通的地区,市场开放度的提高,降低了交易的障碍,加快了贸易与资本流动的速度。由于知识分子与企业家在空间活动频率的增加,知识分子搜寻和匹配合作对象的方式更加专业化,使得进入地区知识创新部门市场规模变大,产生溢出效应,知识分子与企业家逐步使用从进入地区获取的新知识作为中间投入品,在两城市之间形成投入产出联系,引起经济在空间的集聚。具有相似经济联系的城市,形成了城市群。高速铁路打破了市场分割,打破了城市的边界,将城市群的边界不断外溢,加速了城市群内部开通高速铁路站点各城市之间的联系。

然而,溢出效应的大小受公共知识在空间传播的难易程度的影响,而公共知识在空间传播的难易程度受到城市交通连通性的影响。交通连通性本质上是一种不连续的可达性,通过城市各类交通基础设施自身的特征,综合反映城市交通特征。较好的、完善的交通基础设施连通性能够较好地发挥城市的网络效应,以扩大经济活动要素交流的机会和频率,有利于各城市之间的经济交流活动,如信息发布、市场准入、资本和劳动力流动等。范-根惠增(Van Geenhuizen,2005)认为,集聚之所以在某一地方发生,需要具备三个方面的条件,也可以称为三个方面的正外部性,分别为大量的具有国际视野的知识型工人、高科技技术和相关服务的可达性改善以及邻近优质客户。交通要素禀赋以及信息共享的差异,导致企业更加集聚于要素禀赋更强以及信息共享更便利的地区。因此,完善的连通性会产生集聚效应,强化已存在的中心—边缘结构(Fujita等,2001)。

由于企业对区内交通基础设施的质量很敏感,所以交通连通性较好的城市,城市内交易成本较低,贸易更加自由,增加了本地生产者在本地市场的有效规模,市场规模较大,更容易吸引更多的企业。高速铁路开通,连接了城市与城市之间,改变了城市间的交易成本,有利于城市之间进行贸易,提高产业空间布局和整个经济增长率,降低城市之间以及工人与资本所有者之间的名义收入差异。

根据以上分析和第三章的结论,本章检验以下三种假说:

假说1:开通高速铁路能否对城市总产出发挥作用,取决于城市的劳动力资源的丰富程度,城市交通连通性,及人力资本的市场份额。

假说2:开通高速铁路能否带来开通地区市场份额的增加,取决于两地的劳动力份额,企业家交易成本以及城市之间的人力资本份额比。当开通地区的劳动力份额大于未开通地区,且两地企业家的交易成本小于两地人力资本之比时,开通高速铁路能够带来开通地区市场份额的增加。

假说3:开通高速铁路能否带来连通性较好地区市场份额的增加,取决于两地的劳动力份额,企业家交易成本,城市综合交通连通性,以及城市间的人力资本份额比。当开通且连通性较好的地区劳动力份额大于未开通地区,且两地企业家的交易成本小于两地人力资本之比与区内交易成本与区际交易成本的乘积时,开通高速铁路能够带来连通性较好地区市场份额的增加。

第三节　基于中心城市腹地的城市群重新划分

本研究采用网络分析法来分析城市与城市之间的空间联系。网络分析法(Network Analysis)是针对关系数据的跨学科分析方法,在经济学和管理学领域,该分析方法已经成为研究经济系统组织行为关系的新范式(Scott,2007;李敬等,2014)。布雷格(Breiger,1981)、史密斯和怀特(Smith和White,1995)采用网络分析方法,对全球经济系统进行研究,认为世界经济系统是一个具有空间交叉重叠影响的网络系统,并发现世界各国经济发展水平与各国在世界经济中的位置密切相关。

城市网络,一直是地理学、区域经济学、城市经济学等学科的研究重点。国外有关城市网络的研究最早起源于20世纪初。传统意义上的城市网络被定义为包含城市外部关系,并以流空间和中心流理论为理论基础的流动网络(Camagni和Salone,1993;Castells等,1989)。通过定义流空间,为包括由节点与枢纽组成的网络,连接了具有明确的社会、文化、物质和功能特征的具体场所,这就将流空间从纯粹的虚拟技术空间扩展到了地理空间与社会网络尺度,对以地理距离为基础的地理学与空间经济学产生了颠覆性的影响(Castells等,1996)。泰勒(Taylor等,2004)基于流空间,以关系替代结构推动理论研究范式的转型,建立了"中心流"理论,解释了城市网络的形成机制与特征。随着交通信息技术的日益影响,交通基础设施在城市网络的形成和演化中起着越来越重要的作用。交通网络的拓扑性质可以用来研究城市间的空间经济关系(Patuelli等,2007;Derudder和Witlox,2008;焦敬娟等,2016)。

目前,国内学者对城市群的划分主要依赖于国务院批复的城市群进行研究,这种划分标准将全国的大多数城市都划为非城市群地区。麦肯锡关注到在收入、地理位置等方面的区别,重新划分全国800个城市为若干城市群,但这种划分方法只考虑到城市之间在经济质量上的差别,并没有考虑到城市之间的联系,并不符合中国城市发展的实际,也不符合城市群的层次性。城市与城市之间具有开放性,以及经济联系的差异性,与其他城市联系受到交通与空间衰减的制约,导致有的城市之间较为疏远,有的城市联系紧密。联系紧密的地区才成为城市群。因此,本研究基于城市之间的经济联系,利用城市腹地的概念,重新划分全国287个地级市的势力范围,并在此基础上,将全国地级市划分为31个城市群地区与其他非城市群地区。

一、城市群概念的演化

城市群的产生与发展伴随着人类历史的进步,早在19世纪,工业集群和产业链的特征,促进了城市集群的发育和发展。随之,学术界产生了对城市群的探讨与研究。最早的研究可以追溯到霍华德(Howard,1898),认为应当将城市与周边镇一起考虑进城市范畴,将城市与周边镇作为整体,并提出了城镇集群(town agglomeration)的概念。

城市群概念的演化大致经历了以下三个阶段:一是美国协调委员会(1949)

定义的标准大都市区(简称 SMA),即是一个较大的人口中心及与其具有高度社会经济联系的邻接地区的组合,常常以县作为基本单元;二是戈德曼(Gottman,1957)提出了大都市连绵带(Megalopolis)的概念,认为大都市连绵带具有特定的条件,包括沿特定轴线发展的巨大多核心城市体系、城市间存在多种形式的相互作用以及空间形态上互相连接的都市区;三是弗雷德曼(1965)定义"城市场(The Urban Field)",认为城市场是一种着眼于未来的、理想的城市空间形式,是一个空间广阔的、由完善的社会经济联系网深化而成的、有着相对低密度的、广阔的多节点的区域结构。表 6.1 是对城市群相关概念的梳理。

中国学者对城市群问题的关注直到宋家泰(1980)使用"城市群"术语进行研究,且目前的研究普遍将"城市群"等同于城市体系,认为城市群是在一定地域内的一组具有相互密切联系,不同等级城市组成的城市集聚。城市群需要满足至少有一个首位城市或多个中心城市的集群状态。因此,城市层级体系对于决定是否为城市群尤为重要。城市层级的概念来源于克里斯塔勒(Christaller,1966)的中心地理论(Central Place Theory),他认为制成品的差异导致规模经济与运输成本之间的均衡,从而产生了城市层级体系。随后,亨德森(Henderson,1974)认为,城市层级体系是外部经济与外部非经济的权衡。埃克伍德(Eeckhout,2014)认为集聚效应和拥塞效应,促进了城市层级体系的产生。布雷克曼等(Brakman 等,1999)认为企业的自由选址会自发地形成城市层级体系。梁琦等(2013)根据"等级—规模"法则与核密度估计结果,验证了中国城市层级结构存在差异,城市规模分布偏离了帕累托最优。关于城市层级体系的研究成果比较丰富,但从区域经济学视角进行城市群研究主要还集中在案例和应用基础研究阶段,相关的理论学术贡献不多。

表 6.1　城市群相关概念演化

时间	人物与成果	城市群相关
1898	霍华德:《明天:一条通向真正改革的和平道路》	提出"城镇集群"(town cluster)的概念
1915	格迪斯:《进化中的城市》	称地方性要素集聚的地区为"集合城市"(conurbations)或"城市群"(urban agglomerations)

续　表

时间	人物与成果	城市群相关
1949	美国协调委员会	标准大都市区(简称 SMA)
1957	戈特曼	大都市连绵带(Megalopolis)
1964	严重敏翻译克利斯泰勒的"城市体系"	我国城市地理学家最早关注"城市群"问题
1965	弗雷德曼	"城市场"(The Urban Field)
1980	宋家泰 1980 年"城市—区域与城市区域调查研究"	最早使用"城市群"术语。将城市—区域分为：(1) 相应于行政区域的城市经济区域；(2) 非行政区的城市经济区域，其中多中心的城市区域称为城市群
1983	于洪俊、宁越敏：《城市地理概论》	用"巨大城市带"介绍戈特曼思想
1991	麦吉	城乡过渡区(Desakota)，即人口密集的热带地区，处于大城市之间的交通走廊地带，借助于城乡间强烈的相互作用，以劳动密集的工业、服务业和其他非农业的迅速发展为特征的地区
1992	崔功豪：《中国城镇发展研究》	在 1992 年对戈特曼"城市带"进行了详细的介绍，包括城市带概念和特征、城市带形成发展机制、城市带理论在中国的实践等
2003	薛凤旋	通过不同的亚洲案例提出了扩展型大都市区的概念

近年来，中国涌现出了一批大小不同、规模不等、发育程度不一的城市群。这些城市作为国家参与全球化竞争和国际分工的全新地域单元，已经成为引领和支撑中国经济增长的主导地区。随着城市群经济的普遍认可，我国经济发展形态正由行政区经济向城市群经济转变。目前，中国的长三角、珠三角、京津冀三个世界级城市群集中了全国约 50％的城镇、52％的人口和约 80％的 GDP 总量，其经济密度和人口密度分别是全国平均水平的 3.63 倍和 2.26 倍(方创琳等，2011)。未来中国仍将处于城镇化的快速推进时期，城市群不仅是推进城镇化的主体形态，也是吸纳新增城镇人口的主要载体。未来在城市群地区将集聚中国 60％以上的城镇人口。因此，在推进城镇化的过程中，必须继续巩固和充分发挥

城市群的主体形态作用,使之成为吸纳新增城镇人口的主要载体。

依循中国区域政策、制度安排的轨迹可以发现,古代行政省区的设立,往往刻意忽略地理单元要素,将具备同一地理特征结构的区域割裂为两个行政区,或者将山川河流阻隔的两个区域置于同一个行政区,这种"犬牙交错"的区划政策虽能维系政府集权稳定,但其代价是地区间联系纽带的切断和经济增长的放缓(高翔和龙小宁,2016)。中华人民共和国成立以来,中国的区域治理模式有了重大转变,从小城镇推进城市化模式逐步转变为发挥区域对国家和城市发展的驱动作用。在《国民经济和社会发展十四五规划纲要》中,更是具体指明了优化行政区划设置,发挥中心城市和城市群带动作用,建设现代化都市圈。

二、国内文献关于城市群的界定与划分

我国学者对城市群的划分是城市地理学研究的主要内容,最早可以追溯到顾朝林(1990),其构造指标对全国地级城市进行综合评价,随后周一星、方创琳等学者对城市群进行了不同程度的划分。表6.2回顾了我国代表性学者对城市群的划分方法。

总结下来,对城市群的划分方法主要表现在以下四个方面:一是使用D系理论和Rd链方法进行划分(顾朝林,1990);二是使用要素流的分析方法进行的划分,综合人流(人口迁移流、铁路客流、航空客流)(张敏和顾朝林,2002)、货流(铁路、公路)、信息流(信件流)等流量进行分析;三是使用核密度估计的城市空间密度分析法,主要是借助一个移动的单元格对点格局的密度进行估计(Gatrell,1996)。核密度估计(Kernel密度)是在概率论中用来估计未知的密度函数,属于非参数检验方法之一。顾朝林和庞海峰(2009)在核密度估计方法的基础上生成等值线密度图,以等值线形式表示城市分布的空间变化趋势;四是麦肯锡城市群的划分,认为决定城市群的不只是其收入水平和地理位置,还包括城市之间的经济联系和贸易往来,以及城市中消费者共同的消费态度和偏好。

现有文献对城市群的界定主要局限在城市地理学的分析框架内,考虑城市间的流量而忽视经济质量,且对城市群内城市的数量和空间范围界定不统一(张林和高安刚,2019)。城市群内城市之间存在着复杂的产品和要素流动关系,这种关系具有不对称性和集聚性特征。传统的集聚理论大多基于封闭的城市模型,得到城市产业与人口的均匀分布状态,忽略了城市研究中开放型城市特征,

没有考虑城市之间的相互作用关系(佐佐木公明和文世一,2011;姚常成和宋冬林,2019),也就无法解释城市群内中小城市的经济增长。姚常成和宋冬林(2019)认为,城市群内城市由于相互紧密联系,集聚效应的发生应突破城市行政区划的界限,在更大范围内与相邻或邻近城市产生交互作用。这篇文章通过借用规模效应(Borrowed Size,Alonso,1973)进行佐证。

表 6.2 我国城市群的划分方法回顾

学者/团队/文件	年份	研究内容
周一星	1986	建立中国城市功能性地域"城市经济统计区"的界定指标体系
顾朝林	1987	依据分布形态、核心城市多寡和城市数量多少分为三种基本类型:块状城市集聚区、条状城市密集区和以大城市为中心的城市群
顾朝林	1990	运用图论原理和因子分析方法相结合,建立了城市经济区划分的 D 系理论和 Rd 链方法,应用 33 个指标和 434 个地级以上城市进行城市综合实力评价,提出了我国两大经济发展地带、三条经济开发轴线、九大城市经济区、33 个二级城市经济区和 107 个城市群的初步设想
周一星	1991	在一定的空间范围内核心城市与它周围县的社会经济联系强度与这些县的非农化水平有密切关系,可以用县的非农化水平来代替通勤流指标
孙胤社	1992	利用线性模式和乘积模式两种方程,对影响北京地区客流量的 17 个因素作了逐步回归,认为周围县与中心市的客流强度主要由各县的非农业人口比例和农村非农业人口劳动力比例两因素决定的,进而界定了北京都市区
姚士谋	1992	按照城市分布的地域范围与规模等级划分城市群类型
王兴中	2000	相同方法,界定西安都市区
周一星	2000	界定全国都市区
方创琳	2005	根据城市群发育程度指数模型计算结果,将中国城市群划分为三个等级,其中一级城市群包括长江三角洲城市群、珠江三角洲城市群和京津冀城市群三个城市群,二级城市群包括山东半岛城市群、成都城市群、武汉城市群等 11 个城市群,三级城市群包括滇中城市群、天山北坡城市群等 14 个城市群

续　表

学者/团队/文件	年份	研　究　内　容
方创琳团队《中国城市群发展报告》	2011	提出了城市群形成发育的7大定量判断标准,以此标准将2005年提出的由28个城市群组成的空间结构体系进一步修改为由23个城市群组成的"15＋8"的国家城市群空间结构格局
《国家新型城镇化规划》	2013	修正为"5＋9＋6"的20个城市群空间结构新格局,即重点建设5个国家级城市群,积极建设9个区域性城市群,引导培育6个地区性城市群
陈　伟	2020	利用土地利用类型、海拔高度与地理坡度构造空间可达性识别城市群的空间范围

2006年,《国家"十一五"规划纲要》中首次提出"把城市群作为推进城镇化的主体形态"。2014年,《国家新型城镇化规划(2014—2020年)》发布了"5＋9＋6"城市群的空间结构新格局规划,包括5个国家级城市群、9个区域性城市群和6个地区性城市群。学术文献关于城市群的界定,大多直接使用国家对于城市群的界定,忽略了城市本身的联系对城市群分布的影响。因此,本研究较创新地基于城市经济联系度,利用城市腹地的概念重新划分每一个地级城市的势力圈范围。

康维斯(1949)在赖利的"零售引力模型"基础上提出了城市腹地概念。认为任何聚落(或聚落中的商业设施)都存在具有影响力的空间范围,城市的腹地由城市的规模和相邻两城市之间的距离决定,相邻两城市的吸引力达到平衡的点即为断裂点,一系列断裂点的连线构成了城市的腹地边界。具体的计算公式为:

$$d_A = \frac{D_{AB}}{1+\sqrt{\frac{P_A}{P_B}}} \tag{6.1}$$

(6.1)中,d_A为从断裂点到A城距离,D_{AB}为两城间距离,P_A为较大城市A城的人口,P_B为较小城市B城的人口。城市腹地的大小由区域内各城市的相对竞争力(具体表现为综合实力对比)决定,并且随着这种综合实力对比的变化而变化。

三、基于城市连通性划分城市群的理论基础

本节使用引力模型来重新划分城市群。引力模型的理论基础来源于牛顿万有引力模型。传统的引力模型认为,任何两个城市之间具有吸引力,该吸引力具有彼此之间正相关,与二者之间距离负相关的关系。随后,学术界对引力模型进行了修正,使其更加符合现实。具体包括以下三个方面:一是对距离的修正,拓展为"冰山成本"、交易成本等泛距离概念;二是认为距离存在衰减效应,对距离指数化,包括构造被称为"地理学第一法则"的距离衰减函数(Tobler,1970;Taylor,1975);三是对城市质量本身进行指数化,从人口规模扩展到经济规模、就业机会、人均收入等。

虽然已有大量学者对引力模型进行了修正,但由于现实世界的复杂性,亦有一些学者质疑其可靠性,因此,本研究在现有研究基础上,进行了以下创新,以弥补现有研究的不足:一是利用两个城市包含高铁在内的四类交通工具的最短交通距离,来替换传统的地理距离;二是鉴于传统文献使用单一指标衡量城市的局限性,本研究参考最新文献,构建城市发展水平的评价指标,采用熵值法,构建衡量城市综合经济质量的指标体系(涂建军等,2020)。

目前,在引力模型的测算中,已有许多学者对于原始的引力模型进行了修正(苗洪亮与周慧,2017),以更加全面地反映城市的经济质量。赵雪雁与江进德(2011)引入了克鲁格曼指数、建成区面积、人口素质权重系数等对引力模型进行了修正,并利用城市间发车班次进行检验。吴常艳等(2017)利用主成分分析法,构建了综合反映城市质量的因子。涂建军等(2020)采用熵值法,构建衡量城市综合经济质量的指标体系,该文章通过经济、社会、公共所产生的效应来反映城市"质量",这种方法较为全面,且说服力较强,因此,本研究选用类似的方法进行测算。定义 G_i 为城市 i 的综合质量,具体公式为:

$$G_i = \sum_{a=1}^{n} w_a x_{ai} \tag{6.2}$$

其中,n 表示评价指标的个数,x_{ai} 表示城市 i 的评价指标标准化指数,w_a 为第 a 个指标的权重,权重越大,该指标越重要,对城市综合质量的影响越大。本研究选取评价城市综合质量的指标包括经济、社会、公共服务三方面,具体为户

籍总人口(万人)、第二产业增加值(万元)、居民储蓄存款余额(万元)、人均 GDP(元/人)、地区生产总值(万元)、固定资产投资总额(万元)、财政收入(万元)、社会消费品零售总额(万元)、城镇居民人均可支配收入(万元/人)、规模以上工业总产值(万元)、粮食总产量(吨)、普通中学生在校人员数(人)、固定电话年末用户(户)、小学在校学生数(人)、医疗卫生机构床位数(床)。使用永续存盘法计算固定资本存量(张军等,2004),固定资本折旧率≈4%。为消除物价对不同年份数据的影响,分别采用固定资本折算指数与 GRP 折算指数进行折算。所有数据均来源于 2007—2018 年《中国区域经济年鉴》《中国县域年鉴》《中国城市年鉴》以及各省市年鉴与统计公报。

四、城市群重新划分

（一）互锁网络模型

本研究根据互锁网络模型,确定中国城市在网络中的位置,进而用于划分城市群。目前,互锁网络模型(Interlocking network model,INM)已经被广泛地用于评估全球化背景下城市增长多样性问题。该模型主要是基于 Castells(1996)的中心流理论,拓展 Sassen(1991)关于全球城市形成的理论,将高级生产性服务业企业在地理上的扩展能力作为衡量城市在网络中地位的重要指标。该理论通过对由生产者服务业、非政府组织、航海生产者服务业与全球媒体公司所创造的城市连结性的比较来计算城市在世界网络中的位置(Derudder & Taylor,2017)。

本研究借鉴 Derudder & Taylor(2018)关于城市连结性的定义,企业 j 在城市 a 和 b 之间的城际连结性为：

$$r_{abj} = v_{aj} \times v_{bj} \quad (6.3)$$

其中 v_{aj} 和 v_{bj} 为企业 j 在城市 a 和 b 的服务值,该城市服务值越大,城市在网络中的连结性越强。所有公司在城市 a 和 b 之间的城际连结性为：

$$r_{ab} = \sum_{j=1}^{m} r_{abj} \quad (6.4)$$

城市 a 总网络连结性为：

$$TNC_a = \sum_{i=1}^{n} r_{ai} (a \neq i) \qquad (6.5)$$

由此构建 n 个城市中有 m 个企业的服务值矩阵 V。本研究整理中国国内的管理咨询公司、会计师事务所、律师事务所、广告、银行、证券、保险等行业前100家企业(剔除子公司少于2个的企业),以及这些行业在中国设立分支机构的外国跨国公司在经纬度层面的高德兴趣点(POI)数据,测算公司的密度来衡量城市服务值,并计算城市的连结性:

$$0 < s_n < 1 \qquad (6.6)$$

(6.6)中,v_{aj} 为城市 a 地区的服务值,反映城市 a 中重要性的信息指标,用于衡量城市的市场规模,投资环境,创新资源与绩效。本研究整理中国国内的管理咨询公司、会计师事务所、律师事务所、广告、银行、证券、保险等行业前100家企业(剔除子公司少于2个的企业),以及这些行业在中国设立分支机构的外国跨国公司的数据集来衡量城市服务值,并计算城市的连结性。

Gottman(1957)认为,城市群与人口密度相关,平均人口密度至少250公里以上的地区才能成为城市群,因此,本研究结合人口密度和城市连结性来定义区域中心城市。具体做法是:将全部城市按照15,50与75分位数的人口密度与城市连结性,划分为低、中、高三等。高连结性、高人口密度的城市,定义为一级区域中心城市;高连结性、中人口密度的城市,定义为二级区域中心城市;高连结性、低人口密度地区,定义为三级区域中心城市。腹地内是否有区域中心城市成为是否为城市群的重要标准,拥有中心城市的城市及其腹地地区,成为城市群地区,其他没有区域中心的城市及其腹地地区,成为非城市群地区。

(二)区域中心城市势力圈的重新划分

基于城市之间的经济联系,利用城市腹地,重新划分区域中心城市的势力范围,并在此基础上,获得每一个城市所覆盖县级城市,以此作为修订城市群边界的依据。

康弗斯(Converse,1949)城市腹地理论认为,任何聚落(或聚落中的商业设施)都存在具有影响力的空间范围,城市的腹地取决于城市规模与相邻两城市之间的距离,相邻两城市之间的吸引力达到平衡点为断裂点,该城市所有的断裂点连线构成了城市的腹地。具体的计算公式为:

$$d_A = \frac{D_{AB}}{1+\sqrt{\dfrac{G_A}{G_B}}} \qquad (6.7)$$

(6.7)中,d_A为从断裂点到A城距离,D_{AB}是城市i与城市j之间从一个栅格到另一栅格通过各种不同交通方式的最短时间距离。相比以往的文献研究,本研究使用最小成本矩阵分析法,得到出发地城市中心通过不同的交通方式,到达目的地城市中心的最短时间距离,同时修正引力模型的距离衰减系数。G_A为较大城市A城的经济质量,G_B为较小城市B城的经济质量。城市腹地的大小由区域内各城市的相对竞争力(具体表现为综合实力对比)决定,并且随着这种综合实力对比的变化而变化。

本研究使用CAD与ArcGIS相结合的方法,得到每个区域中心城市的势力圈。首先,测算出每个城市到其他相邻地级城市之间的断裂点,该断裂点反映在CAD上,即为一个城市到某一城市的辐射距离,即为上式的d_A。每个城市到其周边城市均有一个辐射距离,在这些辐射距离的顶点做垂线,这些垂线相交的部分围成一个图形,得到该城市的势力圈。然后,将得到的数据放入ArcGIS中,进而得到每个地级以上城市影响下的县级城市名称。具体实现的步骤见图6.1。

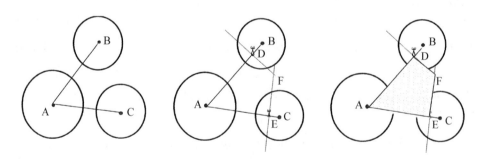

图6.1 城市势力范围的测算过程
资料来源:作者绘制

在图6.1中,假设中心城市A与城市B与城市C相邻。左边图表示中心城市A,周边城市B与C的区位分布,中心城市A到城市B的距离为AB,中心城市A到城市C的距离为AC。中间图表示城市势力范围的测算过程,点D,E分别为中心城市 A 到城市 B 与城市 C 的断裂点,在断裂点 D、E 处,做垂线,垂线相交的部分围成的 ADFE 即为城市 A 与周围城市的腹地。右边图展示了最终结果。

(三)城市群的重新划分结果

为修正每个区域中心城市的边界,本研究同时测算出地级城市的腹地,对于具有相同腹地的城市,本研究采用取中位线的方法,确定其势力范围。对于城市群范围的划分标准如下:首先,对于已经具有较强联系,且已经形成都市绵延带的城市,放入同一城市群,例如上海市、杭州市、南京市;北京市、天津市;广州市、深圳市等城市;其次,对于在不同等级的人口密度中,具有较强的连结性的城市及其腹地城市,单独列出为城市群城市;最后,对于在不同等级的人口密度中,连结性较低的城市及其腹地城市,列为非城市群城市。

表6.3 一至三级城市群概况

城市群名称	等级	城市群中的主导城市	地级市个数	县级市个数
长三角城市群	一级	上海、南京、杭州	24	156
京津冀城市群	一级	北京、天津	6	127
珠三角城市群	一级	广州、深圳	7	71
成渝城市群	一级	重庆、成都	16	244
石家庄城市群	一级	石家庄	6	75
中原城市群	一级	郑州	6	80
武汉城市群	一级	武汉	6	134
西安城市群	一级	西安	6	88
济南城市群	一级	济南	9	71
青岛城市群	一级	青岛	3	17
福泉厦城市群	一级	福州、泉州、厦门	6	55
长沙城市群	一级	长沙	7	46

续 表

城市群名称	等级	城市群中的主导城市	地级市个数	县级市个数
南昌城市群	二级	南昌	4	42
烟台城市群	二级	烟台	4	15
山东半岛城市群	二级	潍坊	6	30
温州城市群	二级	温州	3	28
徐州城市群	二级	徐州	8	74
衡阳城市群	二级	衡阳	6	50
大连城市群	二级	大连	3	37
沈阳城市群	二级	沈阳	8	77
保定城市群	二级	保定	9	90
唐山城市群	二级	唐山	3	90
金华城市群	二级	金华	3	31
常州城市群	二级	常州	5	25
洛阳城市群	二级	洛阳	5	66
南宁城市群	二级	南宁	7	79
太原城市群	二级	太原	4	34
兰州城市群	三级	兰州	5	48
西宁城市群	三级	西宁	4	42
呼包鄂城市群	三级	呼和浩特	6	77
哈尔滨城市群	三级	哈尔滨	9	139
长春城市群	三级	长春	4	44
赤峰城市群	三级	赤峰	4	119
乌鲁木齐城市群	三级	乌鲁木齐	7	55

五、城市网络中心性指标的构建

构建城市网络的指标中,最常用的方法是根据节点属性来构建网络(Zhang 等,2010)。实际上,城市之间的经济联系度是城市网络节点作用的主要表现,反映了城市在网络中控制资源的能力,适合采用社会网络的分析方法来研究(Illenberger 等 2013;Ducruet 和 Beauguitte,2014)。

城市网络中心性的测算方法较多,包括度中心性、节点中心性、中介中心性、接近中心性等(焦敬娟等,2016;赵映慧等,2016)。度中心性反映了一个城市与其他城市的经济联系能力的强弱,经济联系度越强,城市度中心性越高,该城市和其他城市间的联系程度越紧密,在信息资源分享、城市地位和影响力等方面的竞争力就较强。相反,城市度中心性值越低,该城市和其他城市间的联系程度越疏离,该点具有较低的度中心性,在信息资源分享、城市地位和影响力等方面竞争力较弱。本研究在此基础之上,将城市与城市的经济联系距离引入模型,定义 c 为高速铁路网络,经过归一化处理后,站点 i 的中心性为(6.8):

$$D(c_i) = \frac{\sum_{i,j \in N} R_{ij}}{(n-1)} \tag{6.8}$$

在(6.8)中 $D(c_i)$ 为 c 城市网络站点所在城市的度中心性,R_{ij} 为 i 与 j 两地区之间的经济联系度,n 表示网络的站点城市个数。开通高速铁路前后,不同网络中不同位置的城市经济联系度的估计同上文。将获得的不同城市间的经济联系度放入 Gephi 软件中,获得网络中城市的接近中心性。

目前,在构建城市经济联系的指标中,比较常用的是使用引力模型。引力模型将两地区之间的相互作用表示为这些地区的经济质量,及各经济体之间的相互距离。早期的测算大多使用人口作为衡量城市规模的指标(关欣与韩增林,2010),但是该指标不能完全反映城市的综合影响力(苗洪亮与周慧,2017)。因此,许多学者对于原始的引力模型进行了修正,以更加全面地反映城市的总和影响力。赵雪雁与江进德(2011)引入了克鲁格曼指数、建成区面积、人口素质权重系数等对引力模型进行了修正,并利用城市间发车班次进行检验。贺欢欢与吕斌(2014)使用城市流强度与万有引力模型来测算城市空间联系。吴常艳等(2017)利用主成分分析法,构建了综合反映城市质量的因子,在修正经济联系引力模型基础上,采用社会网络分析方法对长江经济带经济联系空间格局及一体化趋势进行了分析。该文章通过人流与物流所产生的经济效应来间接反映城市"质量",这种方法较为全面,且说服力较强,因此,本研究选用类似的方法,通过总人口(万人)、人均 GDP(元/人)、第二产业比重(%)、城市非农业人口(万人)、城市年末从业人员总数(万人)来综合反映城市人流的变化情况,通过地区生产总值(亿元)、固定资产投资总额(亿元)、财政收入(亿元)、社会消费品零售总额(亿元)、城镇居民人均可支配收入(万元/人)等指标来反映物流。最终通过以上 10 个指标,构建因子矩阵,得到各城市的城市质量。修正的引力模型为:

$$R_{ij}=\frac{Q_i \circ Q_j}{d_{ij}} \quad R_i=\sum_{j=1}^{n}R_{ij} \quad (6.9)$$

(6.9)中,R_{ij} 是城市 i 与城市 j 之间的经济联系强度。$Q_i \circ Q_j$ 表示城市 i 与城市 j 的综合质量。d_{ij} 是城市 i 与城市 j 之间的时间距离,较以往文献的研究,本研究使用开通高速铁路前后城市与城市分别使用走一段高速公路、走一段国道的最短时间距离来测算城市的时间成本,用以修正引力模型的距离衰减系数。R_i 是城市 i 的经济联系总量。

六、城市群交通连通性指标的构建

可达性的概念被广泛用于评估土地使用和运输战略的影响上。王等(Wang 等,2014)根据 LUTI 模型,将不同交通方式所引起的竞争效应考虑在整体可达性的变化中,构建了整体的潜在可达性指标。这一指标不仅考虑地区本身就有的就业,还将地区之间的就业竞争考虑在内。本研究借鉴曹等(Cao 等,2013),王等(Wang 等,2014),构建考虑综合交通方式的连通性指标。定义该指标为:

$$PA_i(t)=\sum_{jm}F(t_{ijm},c_{ijm}) \quad m=1,2 \quad (6.10)$$

其中,$F(t_{ijm},c_{ijm})=\dfrac{\sum_{j1}G_j*t_{ij1}}{\sum_{j1}G_j}+\dfrac{\sum_{j2}G_j*t_{ij2}}{\sum_{j2}G_j}$

$PA_i(t)$ 表示城市 i 在 t 年的潜在可达性指标,用于评价城市的连通性。$F(t_{ijm},c_{ijm})$ 表示 i 与 j 地区通过交通方式 m 所获得的加权平均旅行总时间,通常被称为区位指标(Gutierrez 等,1996;Gutierrez,2001)。$F(t_{ijm},c_{ijm})$ 受到

通过交通方式 m 由 i 到 j 地区所需的总旅行时间 $t_{ijm}(t)$ 以及 j 地区城市发展水平的影响。本研究用两种交通方式 1 与 2,分别表示高速公路及机场。这两种资源的高低意味着城市交通连通性的强弱。

第四节 计量分析方法、数据来源及分组描述

一、模型

根据理论模型,定义模型的计量形式为(6.11):

$$cc_{i,t} = \beta_0 + \beta_1 HSR_{i,t} + \beta_2 T + \beta_3 HSR_{it} * T + \gamma X' + \varepsilon_{i,t} \quad (6.11)$$

(6.11)中,$cc_{i,t}$ 表示城市 i 在 t 年基于城市经济联系的网络中心性。$HSR_{i,j}$ 为城市 i 在 t 年是否开通高速铁路站点的虚拟变量,开通高速铁路站点的地区取值为 1,未开通高速铁路站点的地区取值为 0。T 为时间虚拟变量,取 1 代表高速铁路开通前的年份,取 0 代表高速铁路开通后的年份。β_1 衡量了是否开通高速铁路在地区上的差异。γ 衡量了开通高速铁路前后在时间上的差异。交互项 $HSR_{it} * T$ 的系数 β_2 为本研究所关心的,是否开通高速铁路的效果,可以真正反映高速铁路在实验组与对照组的影响差异。X' 为影响城市中心性变动的一系列控制变量矩阵,根据理论模型(3.10),控制变量为主要影响城市与城市之间经济联系度的因素,且并没有被用于计算中心性的指标,主要包括高速公路通车里程($lmiles$)、机场旅客吞吐量($lpassengerthroughput$)。其中,高速公路通车里程较长的地区,表明城市吸引力较强,因而在网络中所处的位置较好,中心性较强,预期各系数为正。$city$ 为反映城市区位的虚拟变量,主要包括 "是否为东部城市"($eastornot$)、"是否为西部城市"($westornot$)"是否拥有 5A 级景区"($fiveornot$),系数 σ 为反映这些影响的系数矩阵。μ_i 为地区固定效应,η_i 为时间效应,$\varepsilon_{i,t}$ 为残差项。

二、样本尺度、时段

本研究将研究尺度定为县级层面。自 2008 年 1 月,我国真正意义上的第一

条高速铁路"京津"城际高速铁路开通以来,到2014年底,我国经停的包括动车组列车在内的高速铁路车站共561个,途径22个省、自治区。鉴于部分开通高速铁路车站的地区,在开通前并没有普通火车通过,为了更加全面的衡量在政策执行前后高速铁路车站对城市群城市网络中心性的影响,本研究将这类地区删除,最终得到428个可比的车站信息。2012年以前,开通高速铁路地区不多,仅为152个,且主要集中在东部地区,没有代表性,2012年,随着京广高速铁路的开通,贯穿中国南北,连接各大城市群,将2012年作为政策执行点更有意义。因此,本研究将以2012年作为政策的执行点,将2012年以前已新建高速铁路站点的城市作为"实验组",其他未开通高速铁路但是通普通火车的城市作为"控制组",在控制掉一些因素后,得出高速铁路开通对城市群城市网络中心性的影响。同时,由于区与区的经济联系度很难用某一地区经济质量的高低来衡量,因此本研究将所研究的全国31个城市群中地级市区级层面的数据进行加总,统一合称为建成区面积,进行协调,研究为城市群覆盖的所有县级城市,共计15 701个样本。

三、变量的获取、测算及指标说明

(一)高速铁路开通时间、站点名称的获取

高速铁路开通时间与站点信息均来源于百度网络搜索。首先,在百度上找到最新的高速铁路站点图,确认目前已经通车的每一条高速铁路的名称。然后,利用百度搜索出每一条高速铁路停靠的站点,以及该停靠站的开通时间。利用在线经纬度网站,找出站点对应的经纬度。最后,将该站点在ArcGIS中展现出来。通过确定该城市开通高速铁路的时间,可以筛选出"对照组"与"实验组",进而进行实证分析。在确定所有的高速铁路站点后,本研究根据该站点的经纬度坐标,判断该站点所在的行政区。

城市与城市之间走高速公路、国道最短时间距离的测算:高速铁路开通前,城市间通普通火车的时间距离近似于高速公路的行车距离。本研究基于2006—2014高速公路、国道矢量图,借助于ArcGIS软件中的OD成本矩阵分析,得出2006—2012年间全国地级市与县之间的最短时间。对于无法直接通过高速公路到达其他城市的城市,本研究选择走一段高速公路走一段国道的方式测算最短时间,对于可以直接通过高速公路连通两个城市的城市,本研究使用全程高速公路的方式测算最短时间。考虑到不同地区各条高速公路与国道限速的差别,

本研究取高速公路与国道限速的平均值,将高速公路时速设为100公里/小时,将国道时速设为60公里/小时。删去重复值、异常值以及没有数据的县市之后,本研究得到全国1949个包含地级市与县之间最短时间距离的流量矩阵。

(二)高速铁路、普通火车站点频次、最短时间的获取

在高速铁路开通以后,开通高速铁路地区使用高速铁路出行,高速铁路站点城市之间最短旅行时间的获得路径为,首先,基于百度搜索出的高速铁路站点与通车时间数据,利用NodeJS开发的程序,访问12306网站的数据接口,将数据存储到MongoDB数据库,最终获得561个高速铁路车站两两之间的最短通车时间与通车频次,从得出的数据中获取本研究可比的428个车站两两之间的最短旅行时间与频次信息。客运班次与最短时间的日期为2016年12月31日。本研究将获取的信息与高速公路、国道信息进行两两匹配,某城市到另一城市的最短时间,在开通高速铁路前使用高速公路与国道的最短时间,在开通高速铁路后使用高速铁路到达的最短时间。同样,对于普通火车站的站点信息主要来源于极品列车时刻表,本研究使用NodeJS开发的程序,访问12306网站的数据接口,将数据存储到MongoDB数据库,同样获得全国781个普通火车站使用普通火车到达另一城市的最短时间与频次。客运班次与最短时间的日期为2016年12月31日。普通车站点的运营总时长与总频次通过加总获取。

(三)经济生产要素

根据主成分分析法的要求,本研究选取影响城市质量的宏观经济数据包括总人口、人均GDP、第二产业占比、第三产业占比、城市非农业人口、城市年末从业人员数、地区生产总值、固定资产投资总额、财政收入、社会消费品零售总额、城镇居民人均可支配收入。所有数据均来源于2007—2015年的《中国区域经济年鉴》《中国县域年鉴》《中国城市年鉴》以及各省市年鉴与统计公报。值得说明的是,国家"十三五"规划指出,高速铁路建设的目标在于惠及全国80%以上,城区常住人口100万以上的城市,本研究使用城市常住人口,作为衡量城市劳动力规模的重要指标,本研究使用GDP除以人均GDP来计算常住人口。资本投资是驱动中国城市经济增长的动力,本研究使用固定资本存量的数据,该数据使用永续存盘法进行计算。参考张军等(2004)的研究结果,固定资本折旧率≈4%。为消除物价对不同年份数据的影响,分别采用固定资本折算指数与GRP折算指数进行折算。

城市腹地人口及城市服务值指标。对于腹地中人口的测算，本研究采用2010年人口普查年鉴中的常住人口，对于县区缺失的数据，本研究利用各地市年鉴数据进行填补，对于填补后仍然缺失的数据，本研究根据该城市与2010年最近相邻年份户籍人口与常住人口的比例，估算出该城市2010年的常住人口。在城市服务值的测算中，常住人口、第一产业增加值、第二产业增加值、城镇人均可支配收入的数据来源于各地级市统计年鉴，城市公共服务属性等其他指标均来源于2007—2015年的《中国城市统计年鉴》。

（四）高速公路替代交通设施

高速铁路站点一般建设在原有普通火车线或者原有高速公路线路的基础之上，对其进行直线化或者轨距标准化，或者在原有节点上重新设计建立，因而，之前停靠过普通火车的站点或高速公路节点，基本上都会增设高速铁路车站，说明高速公路或普通火车对于城市是否能够开通高速铁路有着重要的作用。鉴于无法获得连续10年的普通火车频次，为得到连续的解释变量，本研究选择高速公路作为衡量城市交通基础设施的指标，选择的主要指标为每个地区高速公路通行里程。指标的搜寻过程为，先将高速公路的具体开通信息在网络上搜寻出，构成全国所有的高速公路网络图，而后根据节点的信息在ArcGIS中与县级图层进行匹配，通过面与线之间的相交，将各地区每一条高速公路通车的里程数测量出来，最后与各县名称进行匹配。

（五）飞机替代交通设施

大部分文献从快速度考虑了航空作为高速铁路的一种替代，并进行相关研究（Jiménez和Betancor，2012；Clewlow等，2014；Albalate等，2015）。考虑高速铁路效应主要是人力资本流动效应，本研究将机场旅客吞吐量作为高速铁路重要的一个替代变量考虑进模型中。全国各个地区机场旅客吞吐量的获取主要来源于国家民用航空局公布的2006—2014年机场生产统计公报。截至2014年底，我国已开通的机场共218个，本研究在百度地图上分别将这218个机场所在的市、县与高速铁路数据库中高速铁路站点所在的县、市一一对应。这里，为了满足研究方法的实验前测，本研究删掉北京、上海、广州、深圳等特大城市的数据，样本共计214个。将机场吞吐量的数据与高速铁路数据库进行匹配，进行实证分析。

(六)区位因素

地理位置等区位条件影响着地区经济发展,本研究加入变量"是否为东部地区""是否为西部地区"来衡量由于区位不同所造成的新建高速铁路站点对城市在网络中位置影响的差异。旅游城市的交通需求会对高速铁路站点选址产生影响(Lin,2014),加入变量"是否有5A级的景区"来衡量新建站是否对于旅游资源丰富县域中心性提升作用更大。

第五节 实证结果及分析

一、高速铁路开通对城市网络中心性的影响

首先,本研究利用双重差分的方法,估计了高速铁路开通对城市群城市中心性的影响。表6.4汇报了本研究的估计结果。

表6.4 高速铁路开通对城市网络中心性的影响

解释变量和控制变量	中心性(CC_i) (1)	中心性(CC_i) (2)
是否开通与开通时间交叉项	0.034*** (4.23)	0.095*** (4.32)
开通时间	0.023*** (3.21)	0.023*** (3.32)
是否开通	0.124*** (5.00)	0.154*** (5.542)
城市综合交通连通性	—	0.003*** (4.25)
机场旅客吞吐量	—	0.003*** (3.29)
每省内高速公路的条数	—	0.039*** (3.54)

续　表

解释变量和控制变量	中心性(CC_i) (1)	中心性(CC_i) (2)
是否是东部地区	—	—
是否是西部地区	—	0.345*** (4.28)
是否拥有5A级景区	—	—
高铁频次	—	0.074*** (4.15)
常数项	0.041*** (3.78)	0.055*** (3.26)
城市群固定效应	YES	YES

注：*、**、*** 分别表示在10%、5%与0.1%显著性水平。括号内数字是回归系数对应的t值，"—"表示回归结果由于统计不显著被剔除。

表6.4中，模型(1)(2)列分别为不考虑控制变量与考虑控制变量的回归结果。(1)(2)回归结果表明，高速铁路与时间的交互项($HSR_{i,t} * T$)显著为正，开通高速铁路对城市中心性的最终处理效应(ATT)为正，说明开通高速铁路的城市，在城市群中的中心性有了显著的提高。同时，本研究发现：(1)城市综合交通连通性，对城市群中中心性的提升，具有正向的促进作用；(2)考虑地区差异，本研究发现，开通高速铁路对城市群网络中心性的影响在西部地区的促进作用较大，在东部地区并没有发现显著的影响；(3)开通高速铁路对于城市群中具有5A级景区的城市影响并不显著；(4)高速铁路站点频次的高低对于城市群网络中心性有影响，且该影响十分显著。一个城市有较多高速铁路停靠，说明对城市群内其他城市拥有更多的联系，在城市群中的地位越高，符合常识。

高速铁路对于不同中心性的城市，又有哪些不同的影响呢？本研究采用分位数回归的方法，进行研究。分位数回归(Koenker和Bassett，1978)是在实证研究中广泛用到的一种计量方法，该方法主要通过回归分析，研究解释变量对处于不同分位数的被解释变量的影响。本研究将城市中心性，按照其所在的25，50，以及75分位数分为3类，分别代表低城市中心性(25分位及以下)，中城市中心性(25—50分位),以及高城市中心性(50分位以上),进行双重差分回归,表6.5汇报了本研究的回归结果。

表6.5 高速铁路开通对于不同分位数城市中心性的影响

解释变量和控制变量	中心性(CC_i)<QR_25 (1)	中心性(CC_i)_25<QR<_50 (2)	中心性(CC_i)>QR_50 (3)
是否开通与开通时间交叉项	0.733 (0.98)	0.711 (0.85)	0.080** (2.19)
开通时间	0.598*** (5.42)	1.696** (2.16)	0.392*** (3.18)
是否开通	0.180 (1.08)	0.321 (1.06)	0.178*** (4.00)
城市综合交通连通性	0.001*** (8.23)	0.000*** (8.34)	0.000*** (4.56)
机场旅客吞吐量	0.026* (1.71)	0.024* (1.81)	0.025** (2.54)
每省内高速公路的条数	0.095*** (2.98)	0.067*** (3.56)	0.027* (1.87)
是否是东部地区	—	—	—
是否是西部地区	0.662 (1.65)	0.627** (2.50)	0.637*** (3.25)
高铁频次	0.007* (1.98)	0.007* (1.79)	0.009*** (3.16)
是否拥有5A级景区	0.058 7* (1.768 6)	—	—
常数项	−2.567*** (−5.67)	−2.989*** (−5.48)	−2.445*** (−5.20)
城市群固定效应	YES	YES	YES

表 6.5 中,模型(1)(2)(3)为分别考虑对不同城市中心性影响的分位数回归结果。结果表明:(1) 开通高速铁路对于城市中心性促进作用的来源,主要是促进高中心性城市,对于城市群中与其他城市联系较小的城市,并没有促进作用;(2) 城市交通连通性越好,意味着城市各种交通方式越完善,越利于城市地位的提升,且对于高中心性城市地位的促进作用最大;(3) 高中心性城市的各类交通方式,机场吞吐量对于城市中心性的显著促进作用。原因在于,高中心性的城市,一般是城市群中的中心城市或者与城市群内其他城市具有较强的联系度,经济发展水平较高,多半拥有机场,乘坐飞机出行为该城市的主要交通方式之一,这些地区对于飞机出行的依赖程度大于其他交通方式。

二、稳健性检验

首先,构建可以与上述方法相比较的其他模型。通过比对多个模型的回归结果,说明模型估计结果的解释力度与可信度。表 6.6 为使用固定效应与普通 OLS 的估计结果。

表 6.6 基于固定效应与普通 OLS 的估计结果

解释变量和控制变量	中心性(CC_i) (1)	中心性(CC_i) (2)
是否开通	0.051*** (5.14)	0.081*** (5.22)
城市综合交通连通性	0.137*** (2.92)	0.137*** (4.81)
机场旅客吞吐量	0.002*** (5.12)	0.018*** (5.13)
每省内高速公路的条数	0.000** (4.13)	0.000** (4.14)
是否是东部地区	—	—
是否是西部地区	0.051*** (4.62)	0.052*** (4.59)
是否拥有 5A 级景区	—	—

续　表

解释变量和控制变量	中心性(CC_i) (1)	中心性(CC_i) (2)
高铁频次	0.049*** (4.67)	0.040*** (4.97)
常数项	0.012 (0.56)	0.034 (1.29)
城市群固定效应	YES	YES

结果表明：(1) 从整体上看，无论使用固定效应模型还是普通 OLS，均不会改变高速铁路开通对于城市网络中心性影响效应的方向，说明本研究的实验结果是可信且稳健的；(2) 从结果的显著性来看，大部分的解释变量系数均显著，且与前文的结果保持一致，再一次印证了本研究的结论。

其次，本研究使用改变事件执行前后时间段的方法，来检验高速铁路站点在不同时间段的影响差异。本研究使用假设政策执行时间为 2012 年，前后选取一年与两年的数据，进行检验，结果如表 6.7。

表 6.7　改变政策执行前后时间段的估计结果

解释变量和控制变量	中心性(CC_i) (1)	中心性(CC_i) (2)
是否开通与开通时间交叉项	0.080 (1.67)	0.200*** (3.36)
是否开通高速铁路	0.180*** (3.21)	0.110*** (2.28)
开通时间	−0.240** (2.32)	−0.010** (2.38)
高速公路通车里程	0.002*** (3.54)	0.000*** (2.67)
每省境内高速公路的条数	0.050*** (3.87)	0.032*** (5.23)

续 表

解释变量和控制变量	中心性(CC_i) (1)	中心性(CC_i) (2)
城市综合交通连通性	—	—
机场旅客吞吐量	—	—
是否是东部地区	—	—
是否是西部地区	0.030** (3.87)	0.045*** (3.56)
是否拥有5A级景区	0.012 (1.43)	0.023 (1.12)
常数项	2.660*** (6.3)	2.860*** (7.09)
城市群固定效应	YES	YES

列(1)(2)分别表示使用政策执行前后1年与2年数据的估计结果。结果表明：(1)改变政策执行时间的前后时间窗并不会改变高速铁路站点对城市网络中心性影响的效应方向，说明了结果的稳健性；(2)在使用前后一年的时间段数据进行检验时，交叉项不显著，但使用前后两年的时间段数据进行检验，交叉项显著为负，说明高速铁路站点对城市网络中心性的影响时滞存在，周期为1年。

三、内生性问题的处理

本研究同样采用第四章中的工具变量法处理内生性问题。本研究选择纳恩和普加(Nunn和Puga，2012)定义的"地形崎岖指数"，作为高速铁路的工具变量进行研究。回归结果见表6.8。

表6.8 工具变量的回归结果

解释变量和控制变量	FirstStage IV (1)	SecondStage IV (2)
是否开通高速铁路	—	0.037*** (5.891)

续 表

解释变量和控制变量	FirstStage IV (1)	SecondStage IV (2)
地形崎岖指数	0.059*** (4.12)	—
普通铁路频次	0.054*** (4.57)	0.055*** (4.56)
机场旅客吞吐量	0.000*** (3.14)	0.000*** (3.43)
该城市内高速公路的条数	0.001*** (4.45)	0.001*** (4.54)
是否是东部地区	0.015*** (3.57)	0.017* (1.78)
是否是西部地区	0.056*** (4.27)	0.052*** (4.66)
是否拥有5A级景区	—	—
常数项	0.013*** (4.56)	0.013 4*** (4.46)
F值	20.81	24.97
城市群固定效应	YES	YES

表6.8中,列(1)(2)为使用2SLS进行回归的结果。结果证明了使用"地形崎岖指数"做工具变量回归与使用基准变量回归的结果保持一致,说明了工具变量进行估计的有效性。同时说明了高速铁路对城市经济中心性影响的稳健性。

四、高速铁路开通与城市群网络中心性:城市异质性

本研究检验连通性的差异对于不同中心性城市的影响,同理,本研究将城市连通性,按照其所在的25,50以及75分位数分为3类,分别代表低交通连通性(25分位及以下),中交通连通性(25—50分位)以及高交通连通性(50分

位及以上),构造三个虚拟变量,"该城市交通连通性是否为低连通性""该城市交通连通性是否为中连通性"以及"该城市交通连通性是否为高连通性"。为避免多重共线性,本研究将三个虚拟变量中的两个,"该城市交通连通性是否为低连通性"以及"该城市交通连通性是否为高连通性"纳入进行回归,回归结果见表6.9。

表6.9 高速铁路对城市在网络中位置的影响:考虑城市不同连通性的回归结果

解释变量和控制变量	中心性(CC_i) (1)	中心性(CC_i) <QR_50 (2)	中心性(CC_i) _50<QR_75 (3)	中心性(CC_i) >QR_75 (4)
是否开通与开通时间交叉项	0.025*** (5.14)	—	—	0.558*** (4.18)
开通时间	0.095*** (5.57)	0.001*** (3.80)	0.063*** (2.72)	0.072*** (4.91)
是否开通	0.021** (2.26)	0.012** (2.41)	0.072*** (6.58)	0.044*** (5.84)
机场旅客吞吐量	0.008*** (2.69)	—	—	0.008*** (2.44)
每省内高速公路的条数	0.248*** (11.34)	0.160*** (3.84)	0.089*** (3.31)	0.107*** (4.68)
是否是东部地区	0.038 6*** (4.92)	—	—	0.002*** (4.1)
是否是西部地区	0.444*** (3.14)	—	0.869** (2.04)	0.801*** (4.61)
该城市交通连通性是否为低连通性	—	—	—	−0.123* (−1.75)
该城市交通连通性是否为中连通性	—	—	0.383*** (6.58)	0.180** (2.39)
该城市交通连通性是否为高连通性	0.205*** (3.19)	0.108* (1.65)	0.197*** (4.76)	0.180** (2.39)

续 表

解释变量和控制变量	中心性(CC_i)(1)	中心性(CC_i)<QR_50(2)	中心性(CC_i)_50<QR_75(3)	中心性(CC_i)>QR_75(4)
该城市交通连通性是否为低连通性 * 是否开通高速铁路	—	—	—	1.089* (1.81)
该城市交通连通性是否为中连通性 * 是否开通高速铁路	—	—	1.126* (1.80)	1.890*** (4.13)
该城市交通连通性是否为高连通性 * 是否开通高速铁路	3.016*** (3.06)	—	—	—
该城市交通连通性是否为低连通性 * 是否开通高速铁路 * t	—	—	—	−0.199** (−2.09)
该城市交通连通性是否为中连通性 * 是否开通高速铁路 * t	0.047* (1.96)	—	0.003*** (4.08)	0.034*** (4.98)
该城市交通连通性是否为高连通性 * 是否开通高速铁路 * t	0.090*** (3.29)	—	0.003*** (3.09)	0.346*** (4.98)
高速铁路频次	0.003*** (6.73)	—	0.003** (2.16)	0.002** (2.09)
常数项	0.596*** (5.99)	−0.299*** (−4.56)	−1.591*** (−8.41)	−1.894*** (−9.06)
城市群固定效应	YES	YES	YES	YES

表6.9的估计结果表明,模型(1)为考虑由于城市交通连通性的差异所造成的城市中心性的影响,高速铁路能否促进城市中心性的提高,城市交通连通性发挥了很大作用。具有中等以上(中位数大于50)交通连通性的城市,高速铁路开通对其城市在城市群中的地位具有显著的提高,而低交通连通性的城市没有发现显著的结果。模型(2)(3)(4)为考虑不同交通连通性对于不同城市中心性的影响。

模型(2)(3)(4)的结论充分地说明了城市本身交通资源连通性对城市中心性的影响。模型(2)验证了不同交通连通性对于低中心性城市的影响。结果表明,如果一个城市本身中心性较低,无论该地区交通连通性是高还是低,高速铁路对于低中心性的提高都没有显著影响。模型(3)验证了不同交通连通性对于中心性城市的影响。结果表明,一个城市本身中心性处于城市群的中位,那么中连通性城市与高连通性城市会获得开通高速铁路中心性的显著提升,但是提升的幅度较小。模型(4)验证了不同交通连通性对于高中心性城市的影响,结果表明,如果一个城市本身中心性处于城市群的高位,那么倘若该城市交通连通性较好,就会获得开通高速铁路中心性的显著提升,但同时,对于该城市群中低连通性的城市有负向的作用。一个猜想的解释在于:低交通连通性城市,本身交通禀赋较差,开通了高速铁路会使得劳动力等资源流向城市群内的其他中心城市,对于该城市在城市群中的地位下降,或者存在较高交通连通性城市对低交通连通性城市的"挤出"效应。高交通连通性的城市,本身交通资源禀赋较好,开通高速铁路更增加了其与其他城市联系的多种渠道,更有利于城市中心性的提升。因此,高速铁路影响城市中心性,是以牺牲低连通性的城市为代价。

五、高速铁路与城市群网络中心性:机制检验

(一)产业结构合理化的机制作用

上文结论表明,高速铁路开通会对城市网络中心性产生显著的正向促进作用。高速铁路对城市网络中心性的影响是通过什么机制产生的呢?理论分析揭示了市场规模扩大与产业结构合理化对高铁效应的重要作用。本研究分别进行验证,首先,验证假说2,高铁是否通过提升产业结构合理化程度,带来城市网络中心性的提升,设定回归方程如下:

$$z_{i,t} = \beta_0 + \beta_1 HSR_i + \beta_5 HSR_{i,t} * westornot_i + \gamma X_{i,t} + \mu_i + \eta_t + \varepsilon_{i,t}$$
(6.12)

(6.12)中,$z_{i,t}$为衡量城市i在t年产业合理化程度的指标,其他指标同上文。本研究构建衡量城市的产业结构合理化指数进行实证分析(左鹏飞等,2020),具体公式如下:

$$z_{i,t} = \sum_{j=1}^{3} \frac{v_{i,j,t}}{v_{i,t}} \ln\left(\frac{v_{i,j,t}}{v_{i,t}} \bigg/ \frac{L_{i,j,t}}{L_{i,t}}\right)$$
(6.13)

(6.13)中,$V_{i,j,t}$表示城市i在t年j产业的增加值,$V_{i,t}$表示城市i在t年国内生产总值。$L_{i,j,t}$表示城市i在t年j产业的就业人数,$L_{i,t}$表示总就业人数。

产业结构合理化描述了产业结构偏离均衡状态的程度,该值越大,产业结构越不合理。本研究将城市产业结构合理化程度,按照其所在的 25,50 以及 75 分位数分为 3 类,分别代表城市产业结构合理(25 分位及以下),城市产业结构一般(25—50 分位),以及城市产业结构不合理(50 分位以上),进行双重差分回归,结果如表 6.10。

表 6.10 高铁对城市网络中心性的影响:产业结构合理化的机制作用

解释变量和控制变量	产业结构合理化	产业结构合理	产业结构一般	产业结构不合理
是否开通高速铁路	−0.050*** (−4.35)	−0.07*** (−4.79)	—	—
普通铁路频次	−0.054*** (−3.981)	—	0.051* (1.811)	−0.051*** (−4.664)
机场旅客吞吐量	−0.007*** (−4.75)	—	—	−0.006*** (−4.67)
所在地级市高速公路的条数	−0.020*** (−2.97)	—	−0.020** (−2.07)	−0.040*** (−2.56)
是否是东部城市	—	—	—	−0.07** (−2.22)
是否开通高速铁路*是否是西部城市	−0.560*** (−3.56)	−0.560*** (−4.56)	—	—
是否拥有 5A 级景区	—	—	—	—
常数项	−4.300*** (−9.10)	−4.080*** (−3.52)	−1.600*** (−3.90)	−2.980*** (−4.65)
N	17 640	6 284	2 196	9 160
城市固定效应	YES	YES	YES	YES

表 6.10 中,模型(1)为验证产业结构合理化指数对高铁开通效应的机制作用,结果验证了高铁开通通过影响城市产业结构合理化程度,影响城市网络中心性。城市产业结构合理化指数较高,产业更不合理,开通高铁的效应越小,"是否开通高铁"与产业结构合理化指数的回归系数为负,验证了假说2。模型(2)(3)

(4)为验证不同城市产业结构对高铁开通中心性效应机制作用的大小。模型(2)验证高铁对于产业结构合理城市的影响。"是否开通高铁"系数显著为负,证明了开通高铁导致产业结构合理化程度上升。"是否开通高铁"与"是否为西部城市"的交叉项系数显著为负,意味着西部产业结构合理的城市,开通高铁对城市中心性的效应越大。模型(3)验证了高铁对于产业结构一般城市的影响,结果并不显著。模型(4)验证了高铁对于产业结构不合理城市的影响,同样没有发现显著的效果。

(二)市场规模的机制作用

同样,本研究考察高铁开通是否通过扩大市场规模,带来城市中心性的提升。本研究使用城市常住人口来衡量城市市场规模,计算方法为GDP除以人均GDP。根据国家《关于调整城市规模划分标准的通知》,将城市划分为五类七档①。我们进行实证验证,回归方程设定如下:

$$Changzhu_{i,t} = \beta_0 + \beta_1 HSR_{i,t} + \omega K_{i,t} + \mu_g + \eta_i + \varepsilon_{i,t} \quad (6.14)$$

(6.14)中,$changzhu_{i,t}$表示城市i在t年的市场规模。β_1反映了高速铁路对市场规模效应的大小。$\beta_1>0$且回归结果显著,表示在开通高速铁路对城市中心性提升的促进作用中,市场规模发挥了正向的促进作用。$\beta_2<0$且回归结果显著,表示在开通高速铁路对城市中心性提升的促进作用中,市场规模发挥了负向的作用。同时,为了验证城市本身禀赋对市场规模影响的大小,本研究同样采用分位数回归的方法,将城市市场规模,按照其所在的25,50以及75分位数分为3类,分别代表城市市场规模较小(25分位及以下)、城市市场规模中等(25—50分位),以及城市市场规模较大(50分位以上),进行双重差分回归,表6.11汇报了本研究的回归结果。

表6.11 高铁对城市网络中心性的影响:市场规模扩大的机制作用

解释变量和控制变量	市场规模 (changzhu$_{i,t}$) (1)	市场规模 <changzhu_25 (2)	市场规模 _50<chagnzhu_75 (3)	市场规模 >changzhu_75 (4)
是否开通	0.256*** (3.83)	0.048 (1.08)	0.342* (1.67)	0.268*** (3.96)

① 城区常住人口小于等于50万人为小城市,其中常住人口20万—50万人为Ⅰ型小城市,小于等于20万人为Ⅱ型小城市;城区常住人口50万—100万人为中等城市;城区常住人口100万—500万人的城市为大城市。

续　表

解释变量和控制变量	市场规模 (changzhu$_{i,t}$) (1)	市场规模 <changzhu_25 (2)	市场规模 _50<chagnzhu_75 (3)	市场规模 >changzhu_75 (4)
普通铁路频次	0.112*** (4.02)	—	0.129** (2.00)	0.245*** (2.98)
机场旅客吞吐量	0.002*** (2.87)	0.002*** (2.99)	0.003*** (4.41)	0.041** (2.02)
该城市内高速公路的条数	0.003*** (4.96)	—	—	0.008* (1.75)
是否是东部地区	—	—	—	0.005* (1.69)
是否是西部地区*是否开通	0.017*** (4.16)	0.012*** (4.90)	0.017*** (4.68)	0.037*** (3.28)
是否拥有5A级景区	—	—	—	0.003* (1.754)
常数项	3.750 9*** (4.59)	3.155 3*** (4.62)	3.297*** (3.44)	1.793*** (3.52)
N	17 640	6 284	2 196	9 160
城市固定效应	YES	YES	YES	YES

表6.11中,模型(1)为检验高速铁路是否通过扩大城市市场规模影响城市网络中心性。结果表明,高速铁路开通后,城市市场规模越高,城市网络中心性效应越大,验证了假说3。模型(2)(3)(4)为考虑不同市场规模时,高速铁路对城市网络中心性的影响。模型(1)验证了开通高速铁路对低规模城市的影响。结果表明,高速铁路开通对低规模城市没有发挥促进作用。模型(2)验证了开通高速铁路对中规模城市的影响。结果表明,高速铁路开通对中规模城市,有作用但并不十分显著。模型(3)验证了高速铁路对高规模城市的影响。结果表明,高速铁路开通对高规模城市,作用十分显著。模型(2)(3)(4)的结论验证了假说3,说明高速铁路开通,主要通过对市场规模较高城市发挥作用,进而提高城市网络中心性。为考虑市场规模机制在地区间的异质性,我们构造"是否开通"与"是

否为西部城市"的交叉项,结果表明,高速铁路开通主要通过提高西部城市的市场规模,提高城市网络中心性,且对于西部城市中高市场规模城市作用最大。

(三) 生产率的机制作用

上文结论表明,高速铁路开通会对城市网络中心性产生显著的正向促进作用。高速铁路对城市网络中心性的影响是通过什么机制产生的呢？理论分析揭示了生产率在高速铁路对城市群内城市中心性影响中的重要作用,我们进行实证验证,设定回归方程如下：

$$Productivity_{i,g,t} = \beta_0 + \beta_1 HSR_{i,g,t} + \omega K_{i,g,t} + \mu_g + \eta_i + \varepsilon_{i,g,t} \quad (6.15)$$

(6.15)中, $productivity_{i,g,t}$ 表示城市群 g 城市 i 在 t 年生产率。β_1 反映了高速铁路对生产率效应的大小。$\beta_1 > 0$ 且回归结果显著,表示开通高速铁路对城市中心性提升的促进作用中,生产率发挥了正向的促进作用。$\beta_2 < 0$ 且回归结果显著,表示开通高速铁路对城市中心性提升的促进作用中,生产率发挥了负向的作用。

同时,为了验证城市本身禀赋对生产率效应影响的大小,本研究采用分位数回归的方法,进行研究。分位数回归(Koenker 和 bassett,1978)是在实证研究中广泛用到的一种计量方法,该方法主要通过回归分析,研究解释变量对处于不同分位数的被解释变量的影响。本研究将城市生产率,按照其所在的 25,50 以及 75 分位数分为 3 类,分别代表城市群内城市生产率较低(25 分位及以下),城市群内城市生产率中等(25—50 分位),以及城市群内城市生产率较高(50 分位以上),进行双重差分回归,表 6.12 汇报了本研究的回归结果。

表 6.12 高速铁路对城市群内城市中心性的影响：生产率的回归结果

解释变量和控制变量	生产率 $Productivity_{i,g,t}$ (1)	生产率 $Productivity_{i,g,t}$ (2) <pro_25	生产率 $Productivity_{i,g,t}$ (3) _50<pro_75	生产率 $Productivity_{i,g,t}$ (4) >pro_75
是否开通	0.256*** (3.83)	0.048 (1.08)	0.342* (1.67)	0.268*** (3.96)

续 表

解释变量和控制变量	生产率 Productivity$_{i,g,t}$ (1)	生产率 Productivity$_{i,g,t}$ (2) <pro_25	生产率 Productivity$_{i,g,t}$ (3) _50<pro_75	生产率 Productivity$_{i,g,t}$ (4) >pro_75
普通铁路频次	0.112*** (4.02)	—	0.129** (2.00)	0.245*** (2.981)
机场旅客吞吐量	0.002*** (2.87)	0.002*** (2.99)	0.003*** (4.41)	0.041** (2.02)
该城市内高速公路的条数	0.003*** (4.96)	—	—	0.008* (1.75)
是否是东部地区	—	—	—	0.005* (1.689)
是否是西部地区	0.017*** (4.16)	0.012*** (4.99)—	0.017*** (4.68)	0.037*** (3.28)
是否拥有5A级景区	—	—	—	0.003* (1.75)
常数项	3.750 9*** (4.59)	3.155 3*** (4.62)	3.297*** (3.43)	1.793*** (3.524)
N	12 080	3 024	3 344	5 712
城市群固定效应	YES	YES	YES	YES

表6.12中,模型(1)为检验高速铁路是否通过城市生产率影响城市群内城市中心性的提高。结果表明,高速铁路开通后,城市生产率越高,城市群内城市中心性效应越大,验证了假说1。模型(2)(3)(4)为考虑不同生产率时,高速铁路对城市群内城市中心性的影响。模型(1)验证了开通高速铁路对低生产率城市的影响。结果表明,高速铁路开通对低生产率城市没有发挥促进作用。模型(2)验证了开通高速铁路对中生产率城市的影响。结果表明,高速铁路开通对中生产率城市,有作用但并不十分显著。模型(3)验证了高速铁路对高生产率城市的影响。结果表明,高速铁路开通对高生产率城市,作用十分显著。模型(2)(3)

(4)的结论验证了假说 2,说明高速铁路开通,主要通过对生产率较高城市发挥作用,进而提高城市群内城市中心性。

第六节 小 结

本章对于高速铁路如何影响城市联系进行了解释。采用双重差分法,研究了高速铁路开通前后,城市网络中心性的影响。本章研究利用 2006—2014 年全国县级层面数据与矢量图,结合 ArcGIS OD 成本矩阵分析,测算 2006—2014 年城市每年走普通公路、高速公路、高速铁路的最短时间距离,并结合修正的经济联系引力模型,计算开通高速铁路前后每个建成区、县(市)的经济质量,在此基础上,计算出每个城市基于经济联系的中心性。同时,本章研究构建了城市综合交通连通性。将城市高速公路、高速铁路与机场的性质考虑在内,构建反映城市综合交通连通性的潜在可达性指标。研究结果表明,高速铁路开通对提升城市网络中心性具有正向的促进作用,且城市本身资源禀赋越高,促进作用越强。

接着,本章考虑了城市异质性对于高速铁路效应的不同影响。考虑到地区差异,不论是位于东部还是西部地区的城市群城市,开通高速铁路地区的城市群网络中心性均有所提高,且对于西部城市群城市的促进作用大于东部地区。考虑交通方式竞争,在城市不同的交通资源禀赋中,城市是否拥有高速公路对于城市中心性的促进作用大于机场。高速铁路频次的高低对于城市与其他城市的经济联系有影响,但并不十分显著。究其原因,可能是因为我国机场与高速铁路建设并不广泛,对分布于大中型城市,因此对于飞机出行的依赖程度小于其他交通方式所致。在考虑城市旅游资源,本研究认为,高速铁路对旅游资源丰富城市中心性的提升,作用有限。

当考虑城市综合交通连接性不同时,本章研究发现,高速铁路开通对中等以上交通连通性城市在城市群中的地位具有显著的提高,尤其是高连通性,高中心性的城市,影响最大。值得注意的是,对于低连通性,高中心性的城市,具有负向的作用。一个可能的解释在于:低交通连通性城市,本身交通禀赋较差,开通了高速铁路会使得劳动力等资源流向城市群内的其他中心城市,对于该城市在城市群中的地位下降,或者存在高交通连通性城市对低交通连通性城市的"挤出"

效应。高交通连通性的城市,本身交通资源禀赋较好,开通高速铁路更增加了其与其他城市联系的多种渠道,更有利于城市中心性的提升。因此,高速铁路影响城市中心性,是以牺牲低连通性的城市为代价。

最后,本章还探讨了城市异质性对于高铁效应的不同影响。考察城市差异因素,西部城市网络中心性高于东部城市。考察城市旅游资源因素,城市是否具有 5A 级景区,对于中心性的提高作用并不十分显著。机制检验结果表明,高速铁路通过市场规模的扩大、产业结构的合理化与生产率的提升对城市群网络中心性产生正向作用。高速铁路通过扩大城市市场规模,提升城市产业结构,带来了城市网络中心性的提升。在机制的异质性分析中,本研究发现高速铁路主要通过对西部市场规模较大、产业结构较合理的城市发挥作用,提高城市网络中心性。

本章的结论为研究高铁对城市中心性的影响提供了新的视角,在未来的研究中,从多学科交叉角度,构建高铁影响城市网络中心性的数理模型,同时利用大数据与人工智能技术,进一步从经济学角度探讨高铁对于城市内部空间结构等方面的影响。

第七章
结论与展望

自亚当·斯密以来,交通基础设施对于地区经济发展作用就受到广泛的关注,然而交通基础设施对于地区经济增长的影响的结论却并不统一,很大程度上是由于没有考虑到交通基础设施对于经济要素空间流动的影响。本书以古典区位论、新古典区位论、新经济地理学理论以及"新"新经济地理学理论作为研究的基础与依据,借助面板数据分析、双重差分分析、分位数回归分析及 CAD,Arcgis 空间分析等研究方法与工具,以我国 1 980 个全国县(区)、市、旗层面 2006—2014 年数据,从县级层面研究了我国高速铁路发展对于城市要素资源配置的影响。研究首先梳理了国内外学者关于贸易成本变化与城市活动的相关理论与实证研究。随后,基于新经济地理学核心边缘模型、自由企业家模型、局部溢出模型以及垂直联系模型,本书建立高速铁路如何影响城市要素配置的理论机制。进一步,分别从高速铁路对于城市经济产出、对于城市群网络中心性以及城市所处价值链位置三个方面进行实证研究。本书具体工作与结论如下:

第一,基于新经济地理学基本模型,本书构建了高速铁路影响城市经济活动的理论机制。一方面,本书定义了高速铁路背景下的通达性定义,认为高速铁路引起城市通达性变化主要是由于高速铁路开通所带来的时间成本的减少。另一方面,本书从高速铁路引起时间成本变化为切入点,回顾了主要的新经济地理学理论,分别构建了引入时间成本的核心边缘模型、引入时间成本的自由企业家模型,突破了传统区位论、新经济地理学在解释高速铁路影响区域经济上的局限性。

第二,实证研究了高速铁路对异质性城市经济增长的影响及其邻近效应。本书利用 2006—2014 年全国县(市、旗)级层面数据,采用双重差分方法,结合 ArcGIS 构建高速铁路站点范围内的缓冲区,利用缓冲区分析的方法,测算高速铁路空间溢出的具体范围,并实证分析高速铁路对不同范围城市经济增长的不同影响,得出三点结论:(1)高速铁路对设站周边城市经济增长具有明显的"邻近效应"。距离站点30—110公里以内的非站点地区,经济增长的水平显著低于大于110公里的非站点地区;(2)高速铁路的邻近效应具有明显的"马太效应"。对于常住人口20万—50万人之间的地区,具有显著的负向作用,说明高速铁路促进站点地区经济发展主要来源于吸收周边人口20万—50万人的地区的资源。高速铁路的邻近效应对于周边具有人口大于50万人的城市,具有显著的正向作用,说明高速铁路带来的邻近效应加强了与周边城市规模较大地区之间的联系,且规模越大的城市,负效应越小,正邻近效应越大;(3)高速铁路站点的邻近效应,是通过全要素生产率这一机制。由于高速铁路设站带来城市分工与专业化的生产,带来设站城市生产率的促进效应,本书研究利用中国工业企业数据库,检验了高速铁路对生产率的影响效应,结果证明了本书的理论假说,且验证了高速铁路对于城市全要素生产率处于中间阶段的地区促进效应更大。

第三,实证研究了高速铁路对于城市所处价值链位置的影响。根据2008年中国经济普查数据库,及中国海关数据库和工业企业数据库匹配得到的进口数据,编制了非竞争性投入产出表,并借鉴全球价值链的估计方法,首次测算了"企业—行业—城市"三个层面在国内价值链的位置。利用高速铁路数据和中国工业企业数据库,采用双重差分方法,验证高速铁路对城市所处价值链位置的影响,得出如下结论:(1)通过全部样本回归,高速铁路对于城市价值链地位具有正向影响;(2)通过价值链位置的分样本回归,对于价值链位置的分位数大于50%的城市具有正向的促进作用,对分位数小于50%的城市没有显著影响;(3)高速铁路对城市价值链位置的影响,中心城市大于非中心城市,中心城市的价值链位置越高,高速铁路的正向作用越大;(4)按照不同规模城市样本回归,市场规模越大,高速铁路越有利于价值链位置提升;(5)根据交叉项回归结果,处于价值链较高且城市规模较大的城市,高速铁路对其价值链提升的作用最强。

第四,研究了高速铁路对城市群网络中心性的影响。本书以城市开放性为假设前提,根据各个城镇经济质量和城镇之间的"乳牛距离"(Cow distance),测算全国县级及以上城镇的城市腹地,并据此重新划分了覆盖全国所有县级及以上城镇的31个城市群。利用2006—2014年全国县级层面数据与矢量图,结合ArcGIS OD成本矩阵分析,测出2006—2014年城市每年走普通公路、高速公路、高速铁路的最短时间距离;结合修正的经济联系引力模型,计算开通高速铁路前后每个建成区、县(市)的经济联系度。在这些工作的基础上,计算出每个城市基于经济联系的中心性。本书实证研究了高速铁路对城市群城市中心性的影响,得出以下结论:(1)通过全部样本回归,高速铁路对城市网络中心性的具有显著的正向影响;(2)按照城镇中心性分样本回归,高速铁路对中心性越高的城镇,促进作用越强。反之则越弱;(3)无论是东部还是西部地区的城市群,高速铁路对城镇中心性具有显著正向影响,但西部地区城市群的正向作用大于东部地区;(4)是否拥有高速公路与是否拥有机场的城镇,高速铁路的促进作用更明显;(5)按照不同规模的城镇划分,对常住人口50万—100万人的城镇,高速铁路对于城镇中心性的作用更大;(6)按照城镇综合的交通连通性划分,对中等以上交通连通性的城镇,高速铁路对中心性的促进作用更明显,连通性越高,则影响越大;(7)机制检验结果表明,高速铁路通过市场规模的扩大、产业结构的合理化与生产率的提升对城市群网络中心性产生正向作用。

本书存在不足,表现在两个方面:

一方面,由于数据可得性,本书没有用到更新的数据,编制投入产出表,尽管能够反映城市产业之间的经济技术关系,且具有相对稳定性,但也可能存在一定的滞后性。随着今后更新的经济普查数据,可以用更新的投入产出表进行研究。

另一方面,由于本书假设高速铁路只用于客运而没有货运,过去经典的空间经济学包括传统区位论和新经济地理学均建立在货物运输的基础上,难以解释高速铁路对区域经济的影响,本书也只是从时间成本和知识信息溢出的角度考虑高速铁路的影响机制,更多的其他机制由于思考不成熟,未纳入本书的研究空间。

在未来的研究中,进一步根据高速铁路自身的特点,一方面,使用多种数据来多方面衡量高速铁路而不是简单地使用虚拟变量或者频次数据。另一方面,从多维度分析高速铁路如何影响城市活动,拓宽思路。在理论模型上,构造新的理论模型,并不仅仅建立在新经济地理学模型的基础上,综合城市经济学、区域经济学的多项思维进行分析。在实证分析方面,立足于高速铁路对于城市经济活动的多方面,考虑更多的交通方式替代,力求使得结论更加精准。

附 表

表1 截至2023年年底我国高速铁路的营运里程

序号	项目名称（简称）	线路标准名称	起止站点	运营里程（km）	通车时间	设计速度（km/h）
1	秦沈客专	京哈线秦沈段	秦皇岛—沈阳北	404	2003年10月11日	250
2	合宁铁路	宁蓉线合宁段	南京南—合肥南	157	2008年4月18日	250
3	京津城际铁路	京津城际线	北京南—天津	117	2008年8月1日	350
4	胶济客专	胶济客专线	济南—青岛	357	2008年12月21日	200
5	石太客专	石太客运专线	石家庄—太原南	206	2009年4月1日	250
6	合武客专	沪蓉线	合肥南—汉口	359	2009年4月1日	250
7	遂成铁路	沪蓉线	遂宁—成都东	146	2009年7月7日	200
8	甬台温铁路	杭深线	宁波—温州南	275	2009年9月28日	250
9	温福铁路	杭深线	温州南—福州南	294	2009年9月28日	250
10	武广高铁	京广高速线	武汉—广州南	969	2009年12月26日	350

续 表

序号	项目名称（简称）	线路标准名称	起止站点	运营里程（km）	通车时间	设计速度（km/h）
11	郑西高铁	徐兰高速线	郑州东—西安北	523	2010年2月6日	350
12	福厦铁路	杭深线	福州南—厦门北	226	2010年4月26日	250
13	成灌城际铁路	成灌线	成都—青城山	65	2010年5月12日	200
14	沪宁城际铁路	沪宁城际线	上海—南京	301	2010年7月1日	300
15	昌九城际铁路	昌九城际线	南昌—九江	135	2010年9月20日	250
16	沪杭城际铁路	沪昆高速线	上海虹桥—杭州东	159	2010年10月26日	350
17	长吉城际铁路	长珲城际线	长春—吉林	111	2010年12月30日	250
18	海南东环铁路	海南环岛高铁线东段	海口—三亚	308	2010年12月30日	250
19	广珠城际铁路	广珠城际线	广州南—珠海北	93	2011年1月7日	200
19	广珠城际铁路	江门线	小榄—新会	27	2011年1月7日	200
20	京沪高铁	京沪高速线	北京南—上海虹桥	1 318	2011年6月30日	350
21	广深港高铁	广深港高速线	广州南—深圳北	102	2011年12月26日	350
22	龙厦铁路	杭深线	厦门北—漳州	42	2012年6月29日	250
22	龙厦铁路	龙漳线	龙岩—漳州	114	2012年6月29日	200

续 表

序号	项目名称（简称）	线路标准名称	起止站点	运营里程（km）	通车时间	设计速度（km/h）
23	汉宜铁路	沪蓉线	汉口—宜昌东	292	2012年7月1日	250
24	石武客专郑州东—武汉段	京广高速线	郑州东—武汉	473	2012年9月28日	350
25	合蚌高铁	合蚌客专线	合肥—蚌埠南	132	2012年10月16日	350
26	哈大高铁	京哈高速线	沈阳北—哈尔滨西	538	2012年12月1日	350
		沈大高速线	大连北—沈阳北	383		
27	集包第二双线呼包段	京包客专线	呼和浩特东—包头	173	2012年12月3日	200
28	京石、石武客专石家庄—郑州东段	京广高速线	北京西—郑州东	663	2012年12月26日	350
29	广珠城际铁路珠海北—珠海	广珠城际线	珠海北—珠海	23	2012年12月30日	200
30	遂渝铁路	沪蓉线	重庆北—遂宁	158	2012年12月30日	200
31	宁杭高铁	宁杭高速线	南京南—杭州东	255	2013年7月1日	350
32	杭甬高铁	杭深线	杭州东—宁波	155	2013年7月1日	350
33	盘营高铁	盘营高速线	盘锦北—海城	90	2013年9月12日	350
34	向莆铁路	昌福线	南昌西—福州	546	2013年9月26日	200
		永莆线	永泰—莆田	57		

续 表

序号	项目名称（简称）	线路标准名称	起止站点	运营里程（km）	通车时间	设计速度（km/h）
35	津秦高铁	津秦高速线	天津西—秦皇岛	261	2013年12月1日	350
36	广昆铁路复线	广昆线	广通北—昆明	115	2013年12月27日	200
37	西宝高铁	徐兰高速线	西安北—宝鸡南	167	2013年12月28日	350
38	茂湛铁路	深湛线江湛段	茂名—湛江西	92	2013年12月28日	200
39	渝利铁路	沪蓉线	利川—重庆北	278	2013年12月28日	200
40	厦深铁路漳州—深圳段	杭深线	漳州—深圳北	472	2013年12月28日	250
41	柳南客专	柳南客专线	南宁—柳州	223	2013年12月28日	250
42	衡柳铁路	衡柳线	衡阳东—柳州	499	2013年12月28日	200
43	武咸城际铁路	武咸城际线	武昌—咸宁南	91	2013年12月28日	300
44	广西沿海铁路南钦、钦北段	邕北线	南宁东—北海	197	2013年12月30日	250
45	广西沿海铁路钦防段	钦防线	钦州北—防城港	61	2013年12月30日	250
46	成灌铁路彭州支线	郫彭线	郫县西—彭州	21	2014年4月30日	200
47	武黄城际铁路	武九客专线	武汉—大冶北	95	2014年6月18日	300
48	武冈城际铁路	武冈城际线	葛店南—黄冈东	36	2014年6月18日	200

续 表

序号	项目名称（简称）	线路标准名称	起止站点	运营里程（km）	通车时间	设计速度（km/h）
49	大西高铁太原南—西安北段	大西高速线	太原南—西安北	571	2014年7月1日	250
50	杭长高铁	沪昆高速线	南昌西—长沙南	342	2014年9月16日	350
			杭州东—南昌西	582	2014年12月10日	
51	沪昆高铁湖南段	沪昆高速线	长沙南—新晃西	420	2014年12月16日	350
52	成绵乐客专	西成客专线	成都东—江油	152	2014年12月20日	300
		成贵客专线成乐段	成都东—乐山	131		
		峨眉山线	乐山—峨眉山	31		
53	兰新客专	兰新客专线	兰州西—乌鲁木齐	1 786	2014年12月26日	250
54	贵广高铁	贵广客专线	贵阳东—广州南	857	2014年12月26日	300
55	南广铁路	南广线	南宁—广州南	574	2014年12月26日	250
56	郑开城际铁路	郑开城际线	郑州东—宋城路	50	2014年12月28日	200
57	青荣城际铁路	青荣城际线	青岛北—荣成	303	2014年12月28日	250
58	贵开城际铁路	贵开线	贵阳北—开阳	65	2015年5月1日	200
59	沪昆高铁新晃西—贵阳北	沪昆高速线	新晃西—贵阳北	286	2015年6月18日	350

续 表

序号	项目名称（简称）	线路标准名称	起止站点	运营里程（km）	通车时间	设计速度（km/h）
60	郑焦城际铁路	郑焦城际线	郑州—焦作	78	2015年6月26日	250
61	合福高铁	合福高速线	合肥北—福州	850	2015年6月28日	350
62	哈齐高铁	哈齐客专线	哈尔滨北—齐齐哈尔南	266	2015年8月17日	300
63	沈丹高铁	沈丹客专线	沈阳南—丹东	208	2015年9月1日	300
64	吉图珲客专	长珲城际线	吉林—珲春	361	2015年9月20日	250
65	京津城际铁路延伸线	京津城际线	天津—于家堡	45	2015年9月20日	350
66	中川机场城际铁路	中川城际线	兰州西—中川机场	60	2015年9月30日	200
67	宁安客专	宁安客专线	南京南—安庆	258	2015年12月6日	250
68	南昆铁路二线南宁—百色段	南昆客专线	南宁—百色	223	2015年12月11日	250
69	丹大铁路	丹大线	丹东—大连北	292	2015年12月17日	200
70	成渝高铁	成渝高速线	成都东—重庆	308	2015年12月26日	350
71	金温铁路复线	金温线	金华—温州南	188	2015年12月26日	250
72	赣龙铁路复线	赣瑞龙线	赣县—龙岩	248	2015年12月26日	200
73	兰渝铁路重庆北—广元段	兰渝线	重庆北—广元	352	2015年12月26日	200

续　表

序号	项目名称（简称）	线路标准名称	起止站点	运营里程（km）	通车时间	设计速度（km/h）
74	津保铁路	津霸客专线	天津西—霸州西	72	2015年12月28日	250
		霸徐线	霸州西—徐水	65		200
75	牡绥铁路	滨绥线	牡丹江—绥芬河	139	2015年12月28日	200
76	海南西环铁路	海南环岛高铁线西段	海口—三亚	345	2015年12月30日	200
77	广深港高铁深圳北—福田段	广深港高速线	深圳北—福田	9	2015年12月30日	200
78	郑机城际铁路	郑机城际线	郑州东—新郑机场	28	2015年12月31日	200
79	娄邵铁路	益湛线	娄底南—邵阳	88	2016年1月6日	200
80	佛肇城际铁路	广肇城际线佛肇段	佛山西—肇庆	81	2016年3月30日	200
81	莞惠城际铁路常平东—小金口段	广惠城际线	常平东—小金口	97	2016年3月30日	200
82	宁启铁路复线	宁启线	南京—南通	284	2016年5月15日	200
83	郑徐高铁	徐兰高速线	郑州东—徐州东	362	2016年9月10日	350
84	渝万城际铁路	郑渝高速线万渝段	万州北—重庆北	245	2016年11月28日	250
85	武孝城际铁路	武孝城际线	汉口—孝感东	62	2016年12月1日	200
86	长株潭城际铁路	长株城际线	长沙—株洲南	58	2016年12月26日	200
		湘潭城际线	暮云—湘潭	24		200

续　表

序号	项目名称（简称）	线路标准名称	起止站点	运营里程（km）	通车时间	设计速度（km/h）
87	沪昆高铁贵阳北—昆明南段	沪昆高速线	贵阳北—昆明南	463	2016年12月28日	350
88	云桂铁路百色—昆明段	南昆客专线	百色—昆明南	487	2016年12月28日	250
89	昆玉河铁路昆明—玉溪段	昆玉河线	昆明南—玉溪	86	2016年12月28日	200
90	宝兰客专	徐兰高速线	宝鸡南—兰州西	401	2017年7月9日	250
91	张呼客专呼集段	京包客专线	呼和浩特东—乌兰察布	126	2017年8月3日	250
92	武九客专	武九客专线	大冶北—九江	128	2017年9月21日	250
93	西成高铁西安北—江油段	西成客专线	西安北—江油	469	2017年12月6日	250
94	长株潭城际铁路	长沙西城际线	长沙—长沙西	22	2017年12月26日	200
95	石济客专	石济客专线	石家庄—济南东	307	2017年12月28日	250
96	莞惠城际铁路常平东—道滘段	广惠城际线	常平东—道滘	44	2017年12月28日	200
97	萧淮客专线	萧淮线	萧县北—淮北北	25	2017年12月28日	250
98	九景衢铁路	衢九线	衢州—九江	334	2017年12月28日	200
99	渝黔铁路复线	渝贵线	重庆西—贵阳北	345	2018年1月25日	200

续　表

序号	项目名称（简称）	线路标准名称	起止站点	运营里程（km）	通车时间	设计速度（km/h）
100	深茂铁路江茂段	深湛线江湛段	新会—江门—茂名	268	2018年7月1日	200
101	广大铁路扩能改造工程	楚大线	广通北—大理	175	2018年7月1日	200
102	广深港高铁福田—香港段	广深港高速线	福田—香港西九龙	30	2018年9月23日	200
103	大西高铁太原—原平段	大西高速线	太原南—原平西	116	2018年9月28日	250
104	哈佳铁路	哈佳线	哈尔滨—佳木斯	343	2018年9月30日	200
105	杭黄高铁	杭昌高速线杭黄段	杭州东—黄山北	285	2018年12月25日	250
106	哈牡客专	哈牡客专线	哈尔滨—牡丹江	300	2018年12月25日	250
107	济青高铁	济青高速线	济南东—红岛	305	2018年12月26日	350
108	青盐铁路	青盐线	青岛北—盐城北	428	2018年12月26日	200
109	怀邵衡铁路	怀衡线	怀化南—衡阳东	319	2018年12月26日	200
110	铜玉铁路	吉玉线铜玉段	铜仁—大宗坪	48	2018年12月26日	200
111	成蒲铁路、川藏线朝雅段	成雅线	成都西—雅安	140	2018年12月28日	200/160
112	京沈高铁承德—沈阳段	京哈高速线承沈段	承德南—沈阳	504	2018年12月29日	350
113	新通客专	新通客专线	新民北—通辽	197	2018年12月29日	250

续　表

序号	项目名称（简称）	线路标准名称	起止站点	运营里程（km）	通车时间	设计速度（km/h）
114	南三龙铁路	南龙线	南平北—龙岩	247	2018年12月29日	200
115	成贵客专	成贵客专线乐宜段	乐山—宜宾西	141	2019年6月15日	250
116	京雄城际铁路	京雄城际线北京段	李营—大兴机场	34	2019年9月26日	250
117	梅汕客专	梅汕客专线	梅州西—潮汕	120	2019年10月11日	250
118	鲁南高铁日照—曲阜段	日兰高速线日曲段	日照西—曲阜东	235	2019年11月26日	350
119	汉十高铁	武孝城际线孝云段	孝感东—云梦东	22	2019年11月29日	250
119	汉十高铁	武西高速线云十段	云梦东—十堰东	377	2019年11月29日	350
120	商合杭高铁商丘—合肥段	京港高速线商合段	商丘—合肥北	378	2019年12月1日	350
121	郑阜高铁	郑阜高速线	郑州南—阜阳西	276	2019年12月1日	350
122	郑万高铁郑州—襄阳段	郑渝高速线郑襄段	郑州东—襄阳东	389	2019年12月1日	350
123	穗莞深城际铁路新塘—深圳机场段	穗深城际线	新塘南—深圳机场	73	2019年12月15日	140
124	成贵客专	成贵客专线宜贵段	宜宾西—贵阳东	372	2019年12月16日	250
125	徐宿淮盐铁路	徐盐客专线	徐州东—盐城	313	2019年12月16日	250

续　表

序号	项目名称（简称）	线路标准名称	起止站点	运营里程（km）	通车时间	设计速度（km/h）
126	连淮扬镇铁路董集—淮安段	连镇客专线董淮段	董集—淮安东	105	2019年12月16日	250
127	昌吉赣高铁	京港高速线昌赣段	横岗—赣州西	402	2019年12月26日	350
128	黔张常铁路	黔常线	黔江—常德	335	2019年12月26日	200
129	银中客专	银兰客专线银中段	银川—中卫南	207	2019年12月29日	250
130	京张高铁	京包客专线京张段	北京北—张家口	172	2019年12月30日	250—350
131	京张高铁崇礼支线	崇礼线	下花园北—太子城	52	2019年12月30日	250
132	张呼客专	京包客专线张集段	张家口—乌兰察布	161	2019年12月30日	250
133	大张高铁	张大客专线	怀安—大同南	121	2019年12月30日	250
134	商合杭高铁合肥—湖州段	合杭高速线	肥东—湖州	309	2020年6月28日	350/250
135	喀赤高铁	喀赤客专线	喀左—赤峰	156	2020年6月30日	250
136	沪通铁路一期	沪苏通线	赵甸—安亭西	137	2020年7月1日	200
137	安六客专	安六客专线	安顺西—水城	120	2020年7月8日	250
138	珠机城际铁路一期	珠机城际线	珠海—珠海长隆	16	2020年8月18日	100
139	潍莱高铁	潍荣高速线潍莱段	潍坊北—莱西	122	2020年11月26日	350

续 表

序号	项目名称（简称）	线路标准名称	起止站点	运营里程（km）	通车时间	设计速度（km/h）
140	广清城际、新白广城际白广段	广清城际、广州东环城际	清城—花都—白云机场北	58	2020年11月30日	200/160
141	京张高铁延庆支线	延庆线	八达岭西—延庆	9	2020年12月1日	160
142	连淮扬镇铁路淮安—镇江段	连镇客专线淮丹段	淮安东—丹徒	199	2020年12月11日	250
143	太焦高铁	郑太客专线太焦段	太原南—焦作	358	2020年12月12日	250
144	机南城际铁路	郑机城际线新郑机场—郑州南段	新郑机场—郑州南	11	2020年12月12日	200
145	合安高铁及安庆联络线	京港高速线合安段、安庆联络线	肥西—安庆	160	2020年12月22日	350/200
146	银西高铁	银西客专线	吴忠—西安北	543	2020年12月26日	250
147	福平铁路	福平线	福州—平潭	88	2020年12月26日	200
148	汉宜铁路仙桃支线	仙桃城际线	大福—仙桃	17	2020年12月26日	200
149	京雄城际铁路	京新雄城际线大兴机场—雄安段	大兴机场—雄安	59	2020年12月27日	350
150	盐通高铁	盐通高速线	盐城—南通西	158	2020年12月30日	350
151	京沈高铁北京—承德段	京哈高速线京承段	北京朝阳—承德南	192	2021年1月22日	350
152	徐连高铁	徐连高速线	连云港—徐州东	185	2021年2月8日	350

续　表

序号	项目名称（简称）	线路标准名称	起止站点	运营里程（km）	通车时间	设计速度（km/h）
153	川南城际铁路内自泸段	绵泸高铁内自泸段	内江北—泸州	128	2021年6月28日	250
154	朝阳至秦沈高铁凌海南站联络线	朝凌高铁	辽宁朝阳—凌海南	106	2021年8月3日	350
155	张吉怀高铁	张吉怀高铁	张家界西—怀化南	245	2021年12月6日	350
156	牡佳客专	牡佳客专	牡丹江—佳木斯	372	2021年12月6日	250
157	赣深高铁	京港高铁赣深段	赣州西—深圳北	438	2021年12月10日	350
158	敦白客专	沈佳高铁白敦段	长白山—敦化	111	2021年12月24日	250
159	鲁南高铁曲阜—庄寨段	日兰高铁曲庄段	曲阜东—庄寨	204	2021年12月26日	350
160	安九高铁	京港高铁安九段	安庆西—庐山	168	2021年12月30日	350
161	杭绍台高铁	杭台高铁	绍兴北—温岭	223	2022年1月8日	350
162	贵阳环线城际小碧—白云段	贵阳环线	小碧—白云北	81	2022年3月30日	160—200
163	黄黄高铁	阜黄高铁黄黄段	黄冈东—黄梅东	127	2022年4月22日	350
164	郑万高铁襄阳—万州段	郑渝高铁襄万段	襄阳东—万州北	434	2022年6月20日	350
165	郑济高铁郑州—濮阳段	济郑高铁濮郑段	濮阳东—郑州东	195	2022年6月20日	350
166	常益长高铁	渝厦高铁益长段	益阳南—长沙西	63	2022年9月6日	350

续 表

序号	项目名称（简称）	线路标准名称	起止站点	运营里程（km）	通车时间	设计速度（km/h）
167	湖州至杭州西至杭黄铁路连接线	合杭高铁湖杭段	湖州—桐庐	138	2022年9月22日	350
168	南崇高铁	南凭高铁南崇段	南宁—崇左南	121	2022年12月5日	250
169	弥蒙高铁	弥蒙高铁	弥勒—红河	106	2022年12月16日	250
170	常益长高铁	渝厦高铁常益段	常德—益阳南	91	2022年12月26日	350
171	中兰客专	银兰高铁中兰段	中卫南—树屏	219	2022年12月29日	250
172	济莱高铁	济莱高铁	济南东—钢城	116	2022年12月30日	350
173	京唐城际铁路	京唐城际铁路	燕郊—唐山	136	2022年12月30日	250—350
174	京滨城际铁路	京滨城际铁路宝坻—北辰段	宝坻—北辰	54	2022年12月30日	250
175	贵南高铁	贵南高铁贵阳—荔波段；贵南高铁荔波—南宁东段	龙里北—荔波 荔波—南宁东	175 307	2023年8月8日 2023年8月31日	350
176	广汕高铁	甬广高铁汕广段	汕尾—新塘	200	2023年9月26日	350
177	福厦高铁	甬广高铁福漳段	福州南—漳州	273	2023年9月26日	350
178	南沿江高铁	沪宁沿江高铁	南京南—太仓	275	2023年9月28日	350
179	成兰铁路	川青铁路成镇段	青白江—镇江关	206	2023年11月28日	200

续 表

序号	项目名称（简称）	线路标准名称	起止站点	运营里程（km）	通车时间	设计速度（km/h）
180	郑济高铁济南—濮阳段	济郑高铁济濮段	济南西—濮阳东	212	2023年12月8日	350
181	莱荣高铁	潍荣高铁莱荣段	莱西—荣成	195	2023年12月8日	350
182	津兴城际铁路	津兴城际铁路	固安东—胜芳	47	2023年12月18日	250
183	汕汕高铁	甬广高铁汕汕段	汕头南—汕尾	142	2023年12月26日	350
184	成自宜高铁	成宜高铁	成都东—宜宾	261	2023年12月26日	350
185	龙武高铁	龙龙高铁龙武段	古田—武平	64	2023年12月26日	250
186	昌景黄高铁	杭昌高铁黄昌段	黄山北—南昌东	288	2023年12月27日	350
187	防东铁路	防东铁路	防城港北—东兴	47	2023年12月27日	200
	合 计			45 892		

表2　截至2023年年底我国高速铁路已开通项目情况

序号	项目名称（简称）	运营里程（km）	投运时间	速度目标值（km/h）
1	秦沈客专	404	2003年10月12日	250
2	合宁铁路	157	2008年4月18日	250
3	京津城际铁路	117	2008年8月	350
4	胶济客专	357	2008年12月	200

续 表

序号	项目名称(简称)	运营里程(km)	投运时间	速度目标值(km/h)
5	石太客专	206	2009年4月1日	250
6	合武客专	359	2009年4月1日	250
7	遂成铁路	146	2009年7月7日	200
8	甬台温铁路	275	2009年9月28日	250
9	温福铁路	294	2009年9月	250
10	武广高铁	969	2009年12月	350
11	郑西高铁	523	2010年2月6日	350
12	福厦铁路	226	2010年4月26日	250
13	成灌城际铁路	65	2010年5月12日	200
14	沪宁城际铁路	301	2010年7月1日	300
15	昌九城际铁路	135	2010年9月20日	250
16	沪杭城际铁路	159	2010年10月26日	350
17	长吉城际铁路	111	2010年12月	250
18	海南东环铁路	308	2010年12月	250
19	广珠城际铁路	93	2011年1月7日	200
		27		
20	京沪高铁	1 318	2011年6月	350
21	广深港高铁	102	2011年12月	350
22	龙厦铁路	42	2012年6月29日	250
		114	2012年6月29日	200
23	汉宜铁路	292	2012年7月1日	250

续 表

序号	项目名称(简称)	运营里程(km)	投运时间	速度目标值(km/h)
24	石武客专郑州东—武汉段	473	2012年9月28日	350
25	合蚌高铁	132	2012年10月16日	350
26	哈大高铁	538 / 383	2012年12月1日	350
27	集包第二双线呼包段	173	2012年12月3日	200
28	京石、石武客专石家庄—郑州东段	663	2012年12月26日	350
29	广珠城际铁路珠海北—珠海	23	2012年12月30日	200
30	遂渝铁路	158	2012年12月30日	200
31	宁杭高铁	255	2013年7月1日	350
32	杭甬高铁	155	2013年7月1日	350
33	盘营高铁	90	2013年9月12日	350
34	向莆铁路	546 / 57	2013年9月26日	200
35	津秦高铁	261	2013年12月1日	350
36	广民铁路复线	115	2013年12月27日	200
37	西宝高铁	167	2013年12月28日	350
38	茂湛铁路	92	2013年12月28日	200
39	渝利铁路	278	2013年12月	200
40	厦深铁路漳州—深圳段	472	2013年12月	250
41	柳南客专	223	2013年12月28日	250
42	衡柳铁路	499	2013年12月28日	200
43	武成城际铁路	91	2013年12月28日	300

续 表

序号	项目名称(简称)	运营里程(km)	投运时间	速度目标值(km/h)
44	广西沿海铁路南钦、钦北段	197	2013年12月30日	250
45	广西沿海铁路钦防段	61	2013年12月10日	250
46	成灌铁路彭州支线	21	2014年4月30日	200
47	武黄城际铁路	95	2014年6月18日	300
48	武冈城际铁路	36	2014年6月18日	200
49	大西高铁太原南—西安北段	571	2014年7月1日	250
50	杭长高铁	342	2014年9月16日	350
		582	2014年12月10日	
51	沪昆高铁湖南段	420	2014年12月16日	350
52	成纬乐客专	152	2014年12月20日	300
		131		
		31		
53	兰新客专	1 786	2014年12月26日	250
54	贵广高铁	857	2014年12月26日	300
55	南广铁路	574	2014年12月26日	250
56	郑开城际铁路	50	2014年12月28日	200
57	青荣城际铁路	303	2014年12月28日	250
58	贵开城际铁路	65	2015年5月1日	200
59	沪民高铁新晃西—贵阳北	286	2015年6月18日	350
60	郑焦城际铁路	78	2015年6月26日	250
61	合福高铁	850	2015年6月28日	350
62	哈齐高铁	265	2015年8月17日	300

续 表

序号	项目名称(简称)	运营里程（km）	投运时间	速度目标值（km/h）
63	沈丹高铁	208	2015年9月1日	300
64	吉图珲客专	361	2015年9月20日	250
65	京津城际铁路延伸线	45	2015年9月20日	350
66	中川机场城际铁路	60	2015年9月30日	200
67	宁安客专线	258	2015年12月	250
68	南昆铁路二线南宁—百色段	223	2015年12月	250
69	丹大铁路	292	2015年12月17日	200
70	成渝高铁	308	2015年12月26日	350
71	金温铁路复线	188	2015年12月26日	250
72	赣龙铁路复线	248	2015年12月26日	200
73	兰渝铁路重庆北—广元段	352	2015年12月26日	200
74	津保铁路	72	2015年12月28日	250
74	津保铁路	65	2015年12月28日	200
75	牡绥铁路	139	2015年12月28日	200
76	海南西环铁路	345	2015年12月30日	200
77	广深港高铁深圳北—福田段	9	2015年12月30日	200
78	郑机城际铁路	28	2015年12月1日	200
79	娄邵铁路	88	2016年1月6日	200
80	佛肇城际铁路	81	2016年3月30日	200
81	莞惠城际铁路常平东—小金口段	97	2016年3月30日	200
82	宁启铁路复线	284	2016年5月15日	200
83	郑徐高铁	362	2016年9月10日	350

续 表

序号	项目名称(简称)	运营里程(km)	投运时间	速度目标值(km/h)
84	淮万城际铁路	245	2016年11月28日	250
85	武零城际铁路	62	2016年12月1日	200
86	长株谭城际铁路	58	2016年12月26日	200
		24		
87	沪昆高铁贵阳北—昆明南段	463	2016年12月28日	350
88	云桂铁路百色—昆明	487	2016年12月28日	250
89	昆玉河铁路昆明—玉溪段	86	2016年12月28日	200
90	宝兰客专	401	2017年7月9日	250
91	张呼客专呼集段	126	2017年8月3日	250
92	武九客专	128	2017年9月21日	250
93	西成高铁西安北—江油段	469	2017年12月6日	250
94	长株潭城际铁路	22	2017年12月26日	200
95	石济客专	307	2017年12月	250
96	莞惠城际铁路常平东—道滘段	44	2017年12月	200
97	萧淮客专线	25	2017年12月28日	250
98	九景衢铁路	334	2017年12月	200
99	渝黔铁路复线	345	2018年1月25日	200
100	深茂铁路江茂段	268	2018年7月1日	200
101	广大铁路扩能改造工程	175	2018年7月1日	200
102	广深港高铁福田—香港段	30	2018年9月23日	200
103	大西高铁太原—原平段	116	2018年9月28日	250
104	哈佳铁路	343	2018年9月30日	200

续 表

序号	项目名称(简称)	运营里程(km)	投运时间	速度目标值(km/h)
105	杭黄高铁	285	2018年12月25日	250
106	哈牡客专	300	2018年12月25日	250
107	济青高铁	305	2018年12月26日	350
108	青盐铁路	428	2018年12月26日	200
109	怀邵衡铁路	319	2018年12月26日	200
110	铜玉铁路	48	2018年12月26日	200
111	成蒲铁路、川藏线朝雅段	140	2018年12月28日	200/160
112	京沈高铁承德—沈阳段	504	2018年12月29日	350
113	新通客专	197	2018年12月	250
114	南三龙铁路	247	2018年12月	200
115	成贵客专	141	2019年6月15日	250
116	京雄城际铁路	34	2019年9月26日	250
117	梅汕客专	120	2019年10月11日	250
118	鲁南高铁日照—曲阜段	235	2019年11月26日	350
119	汉十高铁	22	2019年11月29日	250
		377	2019年11月29日	350
120	商合杭高铁商丘—合肥段	378	2019年12月1日	350
121	郑阜高铁	276	2019年12月1日	350
122	郑万高铁郑州—襄阳段	389	2019年12月1日	350
123	穗莞深城际铁路新塘—深圳机场段	73	2019年12月15日	140
124	成贵客专	372	2019年12月16日	250
125	徐宿淮盐铁路	313	2019年12月16日	250

续 表

序号	项目名称(简称)	运营里程(km)	投运时间	速度目标值(km/h)
126	连淮扬镇铁路董集—淮安段	105	2019年12月16日	250
127	昌吉赣高铁	402	2019年12月26日	350
128	黔张常铁路	335	2019年12月26日	200
129	银中客专	207	2019年12月29日	250
130	京张高铁	172	2019年12月30日	250—350
131	京张高铁崇礼支线	52	2019年12月30日	250
132	张呼客专	161	2019年12月	250
133	大张高铁	121	2019年12月	250
134	商合杭高铁合肥—湖州段	309	2020年6月28日	350/250
135	喀赤高铁	156	2020年6月30日	250
136	沪通铁路一期	137	2020年7月1日	200
137	安六客专	120	2020年7月8日	250
138	珠机城际铁路一期	16	2020年8月18日	100
139	潍莱高铁	122	2020年11月26日	350
140	广清城际、新白广城际白广段	58	2020年11月30日	200/160
141	京张高铁延庆支线	9	2020年12月1日	160
142	连淮扬镇铁路淮安—镇江段	199	2020年12月11日	250
143	太焦高铁	358	2020年12月12日	250
144	机南城际铁路	11	2020年12月12日	200
145	合安高铁及安庆联络线	160	2020年12月22日	350/200
146	银西高铁	543	2020年12月26日	250
147	福平铁路	88	2020年12月26日	200

续 表

序号	项目名称(简称)	运营里程(km)	投运时间	速度目标值(km/h)
148	汉宜铁路仙桃支线	17	2020年12月26日	200
149	京雄城际铁路	59	2020年12月	350
150	盐通高铁	158	2020年12月	350
151	京沈高铁北京—承德段	192	2021年1月22日	350
152	徐连高铁	185	2021年2月8日	350
153	川南城际铁路内自泸段	128	2021年6月28日	250
154	朝阳至秦沈高铁凌海南站联络线	106	2021年8月3日	350
155	张吉怀高铁	245	2021年12月6日	350
156	牡佳客专	372	2021年12月6日	250
157	赣深高铁	438	2021年12月10日	350
158	敦白客专	111	2021年12月24日	250
159	鲁南高铁曲阜—庄寨段	204	2021年12月26日	350
160	安九高铁	168	2021年12月30日	350
161	杭绍台高铁	223	2022年1月8日	350
162	贵阳环线城际小碧—白云段	81	2022年3月30日	160—200
163	黄黄高铁	127	2022年4月22日	350
164	郑万高铁襄阳—万州段	434	2022年6月20日	350
165	郑济高铁郑州—濮阳段	195	2022年6月20日	350
166	常益长高铁	63	2022年9月6日	350
167	湖州至杭州西至杭黄铁路连接线	138	2022年9月22日	350
168	南崇高铁	121	2022年12月5日	250
169	弥蒙高铁	106	2022年12月16日	250

续 表

序号	项目名称(简称)	运营里程(km)	投运时间	速度目标值(km/h)
170	常益长高铁	91	2022年12月26日	350
171	中兰客专	219	2022年12月29日	250
172	济莱高铁	116	2022年12月30日	350
173	京唐城际铁路	136	2022年12月30日	250—350
174	京滨城际铁路	54	2022年12月30日	250
175	贵南高铁	175	2023年8月8日	350
		307	2023年8月31日	350
176	贵南高铁	200	2023年9月26日	350
177	福厦高铁	273	2023年9月26日	350
178	南沿江高铁	275	2023年9月28日	350
179	成兰铁路	206	2023年11月28日	200
180	济高铁济南—濮阳段	212	2023年12月8日	350
181	莱荣高铁	195	2023年12月8日	350
182	津兴城际铁路	47	2023年12月18日	250
183	汕汕高铁	142	2023年12月26日	350
184	成自宜高铁	261	2023年12月26日	350
185	龙武高铁	64	2023年12月26日	250
186	昌景黄高铁	288	2023年12月27日	350
187	防东铁路	47	2023年12月27日	200

参考资料

[1] 彼得.区域和城市经济学手册第一卷.中译版[M].经济科学出版社,2001.

[2] 冯云廷.城市经济学[M].东北财经大学出版社,2005.

[3] 李斯特,万煦.政治经济学的国民体系[M].商务印书馆,2009.

[4] 杨万钟.经济地理学导论.第 2 版[M].华东师范大学出版社,1999,1：994.

[5] 佐佐木公明,文世一.城市经济学基础[M].社会科学文献出版社,2011.

[6] 白重恩,冀东星.交通基础设施与出口：来自中国国道主干线的证据[J].世界经济,2018(1).

[7] 曹小曙,薛德升,阎小培.中国干线公路网络联结的城市通达性[J].地理学报,2005(6)：903 - 910.

[8] 陈林,伍海军.国内双重差分法的研究现状与潜在问题[J].数量经济技术经济研究,2015,32(7)：133 - 148.

[9] 曹跃群,郭鹏飞,罗玥琦.基础设施投入对区域经济增长的多维影响-基于效率性、异质性和空间性的三维视角[J].数量经济技术经济研究,2019(11).

[10] 董艳梅,朱英明.高速铁路建设能否重塑中国的经济空间布局-基于就业,工资和经济增长的区域异质性视角[J].中国工业经济,2016(10)：92 - 108.

[11] 邓涛涛,王丹丹,程少勇.高速铁路对城市服务业集聚的影响[J].财经研究,2017,43(7)：119 - 132.

[12] 邓涛涛,王丹丹.中国高速铁路建设加剧了"城市蔓延"吗？——来自地级城市的经验证据[J].财经研究,2018,44(10)：125 - 137.

[13] 方创琳,周尚意,柴彦威,等.中国人文地理学研究进展与展望[J].地理科学进展,2011,30(12)：1470 - 1478.

[14] 顾朝林.中国城市经济区划分的初步研究[J].地理学报,1991,58(2)：129 - 141.

[15] 顾朝林,庞海峰.基于重力模型的中国城市体系空间联系与层域划分[J].地理研究,2008,1(1).

[16] 关欣,韩增林.沈阳经济区城市经济联系方向和强度测度[J].决策咨询通讯,2010(6):16-20.

[17] 耿修林.固定资产投资对产业结构变动的影响分析[J].数理统计与管理,2010(6):1104-1114.

[18] 高翔.高速铁路在服务业分布中的作用——基于城市层级体系视角的研究[J].中国经济问题,2019,1(1):106.

[19] 金凤君,王姣娥.20世纪中国铁路网扩展及其空间通达性[J].地理学报,2004,59(2):293-302.

[20] 贺欢欢,吕斌.长株潭城市群经济联系测度研究[J].经济地理,2014,34(7):67-74.

[21] 黄张凯,刘津宇,马光荣.地理位置,高速铁路与信息:来自中国IPO市场的证据[J].世界经济.2016(10):127-149.

[22] 焦敬娟,王姣娥,金凤君.高速铁路对城市网络结构的影响研究——基于铁路客运班列分析[J].地理学报,2016,71(2):265.

[23] 李文翎,李尚智,黎雅雯,等.基于GIS的广州城市时间地图研究[J].热带地理,2008,28(3):218-222,227.

[24] 刘秉镰,武鹏,刘玉海.交通基础设施与中国全要素生产率增长——基于省域数据的空间面板计量分析[J].中国工业经济,2010(3):54-64.

[25] 刘生龙,胡鞍钢.交通基础设施与经济增长:中国区域差距的视角[J].中国工业经济2010(4):14-23.

[26] 鲁晓东,连玉君.中国工业企业全要素生产率估计:1999—2007[J].经济学(季刊),2012,11(2):541-558.

[27] 梁琦,陈强远,王如玉.户籍改革,劳动力流动与城市层级体系优化[J].中国社会科学,2013(12):36-59.

[28] 李敬,冉光和,万广华.中国区域金融发展差异的解释——基于劳动分工理论与Shapley值分解方法[J].经济研究,2007,42(5):42-54.

[29] 刘学华,张学良,李鲁.中国城市体系规模结构:特征事实与经验阐释[J].财经研究,2015,41(11):108-123.

[30] 李红昌,胡顺香.中国高速铁路对沿线城市经济集聚与均等化的影响[J].数量经济技术研究,2016,33(11):127-143.

[31] 刘修岩,李松林.房价,迁移摩擦与中国城市的规模分布——理论模型与结构式估计[J].经济研究,2017,52(7):65-78.

[32] 李传成,谢育全,胡雯.高速铁路站点周边城市空间演变研究——以日本东海道新干线站点为例[J].城市规划,2017(6):99-107.

[33] 龙玉,赵海龙,张新德.时空压缩下的风险投资——高铁通车与风险投资区域变化[J].经济研究,2017,52(4):195-208.

[34] 林善浪,叶炜,张丽华.时间效应对制造业企业选址的影响[J].中国工业经济,2018(2):137-156.

[35] 李兰冰,阎丽,黄玖立.交通基础设施通达性与非中心城市制造业成长:市场势力,生产率及其配置效率[J].经济研究,2019(12):13.

[36] 刘承良,许佳琪,郭庆宾.基于铁路网的中国主要城市中心性的空间格局[J].经济地理,2019(3):7.

[37] 黎绍凯,朱卫平,刘东.高铁能否促进产业结构升级:基于资源再配置的视角[J].南方经济,2020,39(2):56-72.

[38] 吕越,谷玮,包群.人工智能与中国企业参与全球价值链分工[J].中国工业经济,2020(5):80-98.

[39] 苗洪亮,周慧.中国三大城市群内部经济联系和等级结构的比较——基于综合引力模型的分析[J].经济地理,2017,37(6):52-59.

[40] 聂辉华,江艇,杨汝岱.中国工业企业数据库的使用现状和潜在问题[J].世界经济,2012(5):142-158.

[41] 潘彬,金雯雯.货币政策对民间借贷利率的作用机制与实施效果[J].经济研究,2017(8):7.

[42] 乔彬,张蕊,雷春.高速铁路效应,生产性服务业集聚与制造业升级[J].经济评论,2019(6):6.

[43] 宋伟,李秀伟,修春亮.基于航空客流的中国城市层级结构分析[J].地理研究,2008,27(4).

[44] 孙红玲.中心城市发育,城市群形成与中部崛起——基于长沙都市圈与湖南崛起的研究[J].中国工业经济,2012(11):31-43.

[45] 茹乐峰,张改素,丁志伟,等.我国西部地区市域经济的时空差异研究[J].地域研究与开发,2014,33(2):54-59.

[46] 陶卓霖,杨晓梦,梁进社.高速铁路对长三角地区陆路可达性的影响[J].经济地理,2016,36(8):40-45.

[47] 涂建军,况人瑞,毛凯,李南羲.成渝城市群高质量发展水平评价[J].经济地理,2020(8).

[48] 温忠麟,张雷,侯杰泰.中介效应检验程序及其应用[J].心理学报,2004,36(5):614-620.

[49] 吴威,曹有挥,曹卫东.开放条件下长江三角洲区域的综合交通可达性空间格局[J].地理研究,2007,26(2).

[50] 吴福象,刘志彪.城市化群落驱动经济增长的机制研究——来自长三角16个城市的经验证据[J].经济研究.2008(11).

[51] 王姣娥,丁金学.高速铁路对中国城市空间结构的影响研究[J].国际城市规划,2011,26(6):49-54.

[52] 汪德根,章鋆.高速铁路对长三角地区都市圈可达性影响[J].经济地理,2015,35(2):54-61.

[53] 王兰,顾浩.京沪高铁站点选址与其所在城市发展解析[J].中国科技论文,2015,10(7):777-783.

[54] 王雨飞,倪鹏飞.高速铁路影响下的经济增长溢出与区域空间优化[J].中国工业经济,2016(2):21-36.

[55] 吴常艳,黄贤金,陈博文等.长江经济带经济联系空间格局及其经济一体化趋势[J].经济地理,2017,37(7):71-78.

[56] 王丽莉,乔雪.我国人口迁移成本、城市规模与生产率[J].经济学(季刊),2020(1):8.

[57] 宣烨,陆静,余泳泽.高铁开通对高端服务业空间集聚的影响[J].财贸经济,2019(9):9.

[58] 于涛方,顾朝林,李志刚.1995年以来中国城市体系格局与演变[J].地理研究,2008,27(6).

[59] 叶建亮,方萃.邻近效应与企业出口行为:基于中国制造业出口企业的实证研究[J].国际贸易问题,2017(3):98-107.

[60] 姚常成,宋冬林.借用规模、网络外部性与城市群集聚经济[J].产业经济研究,2019(3).

[61] 颜银银,倪鹏飞,刘学良.高铁开通、地区特定要素与边缘地区发展[J].中国工业经济,2020(8).

[62] 朱杰,管卫华,蒋志欣.江苏省城市经济影响区格局变化[J].地理学报,2007,62(10):1023-1033.

[63] 张敏,顾朝林.农村城市化:"苏南模式"与"珠江模式"比较研究[J].经济地理,2002,22(4):482-486.

[64] 赵东平.广州市时间距离研究的初步实践[D].华南师范大学,2003.

[65] 张军,吴桂英,张吉鹏.中国省际物质资本存量估算:1952—2000[J].经济研究,2004(10):35-44.

[66] 张莉,林与川.实验研究中的调节变量和中介变量[J].管理科学,2011,24(1):108-116.

[67] 赵雪雁,江进德.皖江城市带城市经济联系与中心城市辐射范围分析[J].经济地理,2011(2):218-223.

[68] 钟业喜,陆玉麒.基于空间联系的城市腹地范围划分——以江苏省为例[J].地理科学,2012,32(5):536-543.

[69] 张学良.中国交通基础设施促进了区域经济增长吗——兼论交通基础设施的空间溢出效应[J].中国社会科学,2012(3):60-77.

[70] 周浩,郑筱婷.交通基础设施质量与经济增长:来自中国铁路提速的证据[J].世界经济,2012(1):78-97.

[71] 张光南,宋冉.中国交通对"中国制造"的要素投入影响研究[J].经济研究,2013(7):63-75.

[72] 赵映慧,姜博,郭豪.基于公共客运的东北地区城市陆路网络联系与中心性分析[J].经济地理,2016(2):67-73.

[73] 张莉,何晶,马润泓.房价如何影响劳动力流动?[J].经济研究,2017(8):12.

[74] 张梦婷,俞峰,钟昌标.高速铁路网络,市场准入与企业生产率[J].中国工业经济.2018(5):8.

[75] 张林,高安刚.国家高新区如何影响城市群创新空间结构——基于单中心-

多中心视角[J].经济学家,2019(1).

[76] 左鹏飞、姜奇平、陈静.互联网发展_城镇化与我国产业结构转型升级[J].数量经济技术经济研究,2020(7).

[77] Alonso W. Location and Land Use. Harvard University Press [M]. 1964, Massachusetts.

[78] Adam·Smith, An Inquiry into the Nature and Causes of the Wealth of Nations [M]. 1776, W. Strahan and T. Cadell, London.

[79] Abdel-Rahman H M, ANAS A. Theories of systems of cities [M]// Handbook of regional and urban economics. Elsevier, 2004, 4: 2293 – 2339.

[80] Ahlfeldt G M. Blessing or curse? Appreciation, amenities and resistance around the Berlin "Mediaspree" [M]. Hamburg Contemporary Economic Discussions, 2010.

[81] Bairoch P. De jéricho à Mexico [M]. Gallimard, 1985.

[82] Christaller W, Central places in southern Germany [M]. Englewood: Prentice Hall, 1966.

[83] Duranton G, Puga D. Micro-foundations of urban agglomeration economies [M]//Handbook of regional and urban economics. Elsevier, 2004, 4: 2063 – 2117.

[84] Fujita M, Krugman P R, Venables A, The spatial economy: Cities, regions, and international trade [M]. MIT press, 1999.

[85] Forslid R. Agglomeration with human and physical capital: An analytically solvable case [M]. London: Centre for Economic Policy Research, 1999.

[86] Fujita M, Krugman P R, and Venables A J, The spatial economy: Cities, Regions, and International Trade [M]. 2001, Cambridge: MIT Press.

[87] Greenhut M L, Ohta H. Output effects of spatial price discrimination under conditions of monopoly and competition [J]. Southern Economic Journal, 1979: 71 – 84.

[88] Gatrell V A C. The hanging tree: execution and the English people, 1770 – 1868 [M]. Oxford University Press, USA, 1996.

[89] General purpose technologies and economic growth [M]. MIT press, 1998.

[90] Glaeser E L, Kohlhase J E, Cities, regions and the decline of transport costs [M]. fifty years of regional science. Springer, Berlin, Heidelberg, 2004: 197-228.

[91] Heckman J J, The common structure of statistical models of truncation, sample selection and limited dependent variables and a simple estimator for such models [M]. Annals of economic and social measurement, 1976, vol.5: 475-492.

[92] Helpman E, Krugman P R, Market structure and foreign trade: Increasing returns, imperfect competition, and the international economy [M]. MIT press, 1985.

[93] Hoover E M, Location of economic activity [M]. McGraw-Hill Book Company, Inc., New York, 1948.

[94] Johnston R J, Dictionary of human geography [M]. 3rd ed. Oxford, UK: Basil Blackwell, 1994.

[95] Lin Y. Travel Costs and Labor Market Integration: Evidence from China's High Speed Railway [M]. Working paper. 2014.

[96] Marshall A. Principles of Economics, reprinted (1920) [M]. 1890.

[97] McCann P, Van Oort F, Theories of agglomeration and regional economic growth: a historical review [M]. Handbook of regional growth and development theories, 2009: 19-32.

[98] Mitchell R B, Rapkin C, Urban traffic: A function of land use [M]. Columbia University Press, 1954.

[99] Michaels D, Doubt is their product: how industry's assault on science threatens your health [M]. Oxford University Press, 2008.

[100] Ollivier G, Ying J, Bullock R, et al., Regional Economic Impact Analysis of High-Speed Rail in China [M]. 2014, World Bank.

[101] Physica A. Statistical Mechanics and its Applications [M]. 2006, vol.369(2): 853-866.

[102] Pigou A C, Aspects of British economic history: 1918 – 1925 [M]. Routledge, 2016.

[103] Rogers M G, Bruen M, Maystre L Y, Electre and decision support: methods and applications in engineering and infrastructure investment [M]. Springer Science & Business Media, 2013.

[104] Redding M, Turner A, Transportation costs and the spatial organization of economic activity [M]. Handbook of Regional and Urban Economics, 2015(5): 1339 – 1398.

[105] Stuckey J A, Vertical integration and joint ventures in the aluminum industry [M]. Harvard University Press, 1983.

[106] Tackling rugby myths: Rugby and New Zealand society, 1854 – 2004 [M]. Otago University Press, 2005.

[107] Weber A, Ueber den standort der industrien [M]. Рипол Классик, 1909.

[108] Weber M, Theory of the Location of Industries [M]. University of Chicago, 1928, Chicago.

[109] Alonso W, Urban zero population growth [J]. Daedalus, 1973, 102: 191 – 206.

[110] Anderson J E. A theoretical foundation for the gravity equation [J]. The American economic review, 1979, 69(1): 106 – 116.

[111] Andersson M. Female choice selects for extreme tail length in a widowbird [J]. Nature, 1982, 299(5886): 818 – 820.

[112] Aschauer D A. Is public expenditure productive? [J]. Journal of monetary economics, 1989, vol.23(2): 177 – 200.

[113] Aschauer D. A, Highway capacity and economic growth [J]. Economic Perspectives, 1990, 14, 14 – 24.

[114] Anas A, Arnott R, Small K A, Urban spatial structure [J]. Journal of economic literature, 1998, vol.36(3): 1426 – 1464.

[115] Anderson G, Ge Y. The size distribution of Chinese cities [J]. Regional Science and Urban Economics, 2005, 35(6): 756 – 776.

[116] Asplund M, Nocke V. Firm turnover in imperfectly competitive markets [J]. The Review of Economic Studies, 2006, 73(2): 295-327.

[117] Agénor P. R., A theory of infrastructure-led development [J]. Journal of Economic Dynamics and Control, 2010, 34(5): 932-950.

[118] Antràs P, Chor D, Fally T. Measuring the upstreamness of production and trade flows [J]. The American Economic Review, 2012, vol.102(3): 412-416.

[119] Antràs P, Chor D. Organizing the global value chain [J]. Econometrica, 2013, 81(6): 2127-2204.

[120] Alamá-Sabater L, Márquez-Ramos L, Suárez-Burguet C, Trade and transport connectivity: a spatial approach [J]. Applied Economics, 2013, vol.45(18): 2563-2566.

[121] Albalate D, Bel G, Fageda X. Competition and cooperation between high-speed rail and air transportation services in Europe [J]. Journal of transport geography, 2015, vol.42: 166-174.

[122] Ahlfeldt G. M, Feddersen A. From periphery to core: measuring agglomeration effects using high-speed rail [J]. Journal of Economic Geography, 2017, 18(2): 355-390.

[123] Ahlfeldt G M, Feddersen A, From periphery to core: measuring agglomeration effects using high-speed rail [J]. Journal of Economic Geography, 2018, 18(2): 355-390.

[124] Alfaro-Almagro F, Jenkinson M, Bangerter N K, et al. Image processing and Quality Control for the first 10,000 brain imaging datasets from UK Biobank [J]. Neuroimage, 2018, 166: 400-424.

[125] Asher S, Paul N. Rural roads and local economic development [J]. American Economic Review, 2020, 110(3): 797-823.

[126] Buchanan J M, An economic theory of clubs [J]. Economica, 1965, 32(125): 1-14.

[127] Beckmann A, Böklen K D, Elke D, Precision measurements of the nuclear magnetic dipole moments of 6 Li, 7 Li, 23 Na, 39 K and 41 K

[J]. Zeitschrift für Physik, 1974, vol.270(3): 173-186.

[128] Batty J, Acute changes in plasma testosterone levels and their relation to measures of sexual behaviour in the male house mouse (Mus musculus) [J]. Animal Behaviour, 1978, vol.26: 349-357.

[129] Breiger R L. The social class structure of occupational mobility [J]. American Journal of Sociology, 1981, 87(3): 578-611.

[130] Baranov A I, Shuvalov L A, Shchagina N M, Superion conductivity and phase transitions in $CsHSO_4$ and $CsHSeO_4$ crystals [J]. JETP lett, 1982, vol.36(11): 459-462.

[131] Blum C B. Dynamics of apolipoprotein E metabolism in humans [J]. Journal of lipid research, 1982, 23(9): 1308-1316.

[132] Batten D F, Boyce D E. Spatial interaction, transportation, and interregional commodity flow models [J]. Handbook of regional and urban economics. Elsevier, 1987, 1: 357-406.

[133] Bonnafous A. The regional impact of the TGV [J]. Transportation, 1987, vol.14(2): 127-137.

[134] Bush-Joseph C, Schipplein O, Andersson G B J, Influence of dynamic factors on the lumbar spine moment in lifting [J]. Ergonomics, 1988, vol.31(2): 211-216.

[135] Barro R J. Government spending in a simple model of endogeneous growth [J]. Journal of political economy, 1990, 98(5, Part 2): S103-S125.

[136] Bruyelle P, Thomas P R. The impact of the channel tunnel on Nord-Pas-de-Calais [J]. Applied Geography, 1994, vol.14(1): 87-104.

[137] Boarnet M G, Bogart W T. Enterprise zones and employment: evidence from New Jersey [J]. Journal of urban economics, 1996, vol.40(2): 198-215.

[138] Blum U, Haynes K E, Karlsson C, Introduction to the special issue The regional and urban effects of high-speed trains [J]. The annals of regional science, 1997, vol.31(1): 1-20.

[139] Bruinsma F, Rietveld P, The accessibility of European cities: theoretical framework and comparison of approaches [J]. Environment and Planning A, 1998, vol.30(3): 499-521.

[140] Black D, Henerson V. A theory of urban growth [J]. Journal of political economy, 1999, 107(2): 252-284.

[141] Brakman S, Garretsen H, Van Marrewijk C, et al. The return of Zipf: Towards a further understanding of the rank-size distribution [J]. Journal of Regional Science, 1999, 39(1): 183-213.

[142] Boarnet M G, Haughwout A F. Do highways matter? Evidence and policy implications of highways' influence on metropolitan development [J]. 2000.

[143] Baldwin R E, Martin P, Ottaviano G I P, Global income divergence, trade, and industrialization: The geography of growth take-offs [J]. Journal of Economic Growth, 2001, vol.6(1): 5-37.

[144] Behrens A. Less than the average citizen': Stigma, role transition and the civic reintegration of convicted felons [J]. After crime and punishment: Pathways to offender reintegration, 2004, 261.

[145] Baldwin R, Braconier H, Forslid R, Multinationals, endogenous growth, and technological spillovers: theory and evidence [J]. Review of International Economics, 2005, vol.13(5): 945-963.

[146] Baldwin R E, Okubo T, Heterogeneous firms, agglomeration and economic geography: spatial selection and sorting [J]. Journal of Economic Geography, 2006, 6(3): 323-346.

[147] Baum-Snow N, Suburbanization and transportation in the monocentric model [J]. Journal of Urban Economics, 2007, 62(3): 405-423.

[148] Berliant M, Fujita M, Knowledge creation as a square dance on the Hilbert cube [J]. International Economic Review, 2008, vol.49(4): 1251-1295.

[149] Bowen G A, Naturalistic inquiry and the saturation concept: a research note [J]. Qualitative research, 2008, vol.8(1): 137-152.

[150] Bellet C, The introduction of the high speed rail and urban restructuring: the case of Spain [J]. City Futures, 2009, vol.9: 4-6.

[151] Brons M, Givoni M, Rietveld P, Access to railway stations and its potential in increasing rail use [J]. Transportation Research Part A: Policy and Practice, 2009, vol.43(2): 136-149.

[152] Bensassi S, Márquez-Ramos L, Martínez-Zarzoso I, Economic integration and the two margins of trade: the impact of the Barcelona Process on North African countries' exports [J]. Journal of African economies, 2011, vol.21(2): 228-265.

[153] Banister D, Assessing the reality—Transport and land use planning to achieve sustainability [J]. Journal of Transport and Land Use, 2012, 5(3): 1-14.

[154] Barlet M, Briant A, Crusson L, Location patterns of service industries in France: A distance-based approach [J]. Regional Science and Urban Economics, 2013, vol.43(2): 338-351.

[155] Baum-Snow N, Brandt L, Henderson J V, Roads, railroads, and decentralization of Chinese cities [J]. Review of Economics and Statistics, 2017, vol.99(3): 435-448.

[156] Banerjee A, Duflo E, Qian N., On the Road: Access to Transportation Infrastructure and Economic Growth in China [J]. Journal of Development Economics, 2020, 62(3): 405-423.

[157] Coase R H. The nature of the firm [J]. economica, 1937, vol.4(16): 386-405.

[158] Carrothers G A P, An historical bedew of the gravity and potential concepts of human interaction [J]. Journal of the American Institute of Planners, 1956, vol.22(2): 94-102.

[159] Clark C, Wilson F, Bradley J, Industrial location and economic potential in Western Europe [J]. Regional Studies, 1969, vol.3(2): 197-212.

[160] Courbis R. L'élaboration en France de tableaux d'entrées-sorties régionaux et multi-régionaux [J]. 1980.

[161] Castells M, Portes A, World underneath: The origins, dynamics, and effects of the informal economy [J]. The informal economy: Studies in advanced and less developed countries, 1989(12).

[162] Camagni R P, Salone C, Network urban structures in northern Italy: elements for a theoretical framework [J]. Urban studies, 1993, 30(6): 1053-1064.

[163] Coe D T, Helpman E, International R&D spillovers [J]. European economic review, 1995, 39(5): 859-887.

[164] Crihfield J B, Panggabean M P H, Is Public Infrastructure Productive? A Metropolitan Perspective using New Capital Stock Estimates [J]. Regional Science and Urban Economics, 1995, 25(5): 607-630.

[165] Castells M, The information age: Economy, society, and culture [J]. Volume I: The rise of the network society. 1996.

[166] Ciccone A, Agglomeration effects in Europe [J]. European economic review, 2002, 46(2): 213-227.

[167] Chen Y, Agglomeration and location of foreign direct investment: The case of China [J]. China economic review, 2009, 20(3): 549-557.

[168] Cai H, Liu Q. Competition and corporate tax avoidance: Evidence from Chinese industrial firms [J]. The Economic Journal, 2009, 119(537): 764-795.

[169] Campos J, De Rus G. Some stylized facts about high-speed rail: A review of HSR experiences around the world [J]. Transport policy, 2009, 16(1): 19-28.

[170] Cidell J, Concentration and decentralization: The new geography of freight distribution in US metropolitan areas [J]. Journal of Transport Geography, 2010, 18(3): 363-371.

[171] Chou J S, Kim C, Kuo Y C, Deploying effective service strategy in the operations stage of high-speed rail [J]. Transportation Research Part E: Logistics and Transportation Review, 2011, 47(4): 507-519.

[172] Chen C L, Hall P. The impacts of high-speed trains on British economic

geography: a study of the UK's InterCity 125/225 and its effects [J]. Journal of Transport Geography, 2011, 19(4): 689 – 704.

[173] Chen C L, Hall P, The wider spatial-economic impacts of high-speed trains: a comparative case study of Manchester and Lille sub-regions [J]. Journal of Transport Geography, 2012, 24: 89 – 110.

[174] Chen Z, Haynes K E, Tourism Industry and High Speed Rail-Is There a Linkage: Evidence from China's High Speed Rail Development [J]. GMU School of Public Policy Research Paper, 2012, 14.

[175] Cao N, Wang C, Li M, et al. Privacy-preserving multi-keyword ranked search over encrypted cloud data [J]. IEEE Transactions on parallel and distributed systems, 2013, 25(1): 222 – 233.

[176] Clewlow R R, Sussman J M, Balakrishnan H, The impact of high-speed rail and low-cost carriers on European air passenger traffic [J]. Transport Policy, 2014, 33: 136 – 143.

[177] Chandra S, Vadali S, Evaluating accessibility impacts of the proposed America 2050 high-speed rail corridor for the Appalachian Region [J]. Journal of Transport Geography, 2014, 37: 28 – 46.

[178] Cheng Y, Loo B P Y, Vickerman R, High-speed rail networks, economic integration and regional specialisation in China and Europe [J]. Travel Behaviour and Society, 2015, 2(1): 1 – 14.

[179] Chen C L, Vickerman R, Can transport infrastructure change regions' economic fortunes? Some evidence from Europe and China [J]. Regional Studies, 2017, 51(1): 144 – 160.

[180] Dixit A K, Stiglitz J E, Monopolistic competition and optimum product diversity [J]. The American economic review, 1977, 67(3): 297 – 308.

[181] Davis D R, Weinstein D E, Economic geography and regional production structure: an empirical investigation [J]. European economic review, 1999, 43(2): 379 – 407.

[182] Démurger S, Infrastructure development and economic growth: an explanation for regional disparities in China? [J]. Journal of Comparative

Economics, 2001, 29(1): 95-117.

[183] Davis D R, Weinstein D E, Market access, economic geography and comparative advantage: an empirical test [J]. Journal of International Economics, 2003, 59(1): 1-23.

[184] Derudder B, Witlox F, Mapping world city networks through airline flows: context, relevance, and problems [J]. Journal of Transport Geography, 2008, 16(5): 305-312.

[185] Ducruet C, Beauguitte L, Spatial science and network science: review and outcomes of a complex relationship [J]. Networks and Spatial Economics, 2014, 14(3): 297-316.

[186] Donaldson D, Railroads of the Raj: Estimating the impact of transportation infrastructure [J]. American Economic Review, 2018, 108(4-5), 899-934.

[187] Derudder B, Taylor P J. Central flow theory: Comparative connectivities in the world-city network [J]. Regional Studies, 2018, 52(8): 1029-1040.

[188] Dong X, Zheng S, Kahn M E. The role of transportation speed in facilitating high skilled teamwork across cities [J]. Journal of Urban Economics, 2020, 115: 103-212.

[189] Ethier W J. National and international returns to scale in the modern theory of international trade [J]. The American Economic Review, 1982, 72(3): 389-405.

[190] Fair R C, Disequilibrium in housing models [J]. The Journal of Finance, 1972(2): 207-221.

[191] Fogel R W, Railroads and American economic growth [J]. Baltimore: Johns Hopkins Press, 1964.

[192] Fujita M, Ogawa H. Multiple equilibria and structural transition of non-monocentric urban configurations [J]. Regional science and urban economics, 1982, 12(2): 161-196.

[193] Forkenbrock D J, Foster N S J. Economic benefits of a corridor highway

investment [J]. Transportation Research Part A: General, 1990, 24 (4): 303-312.

[194] Fujita M, Mori T. The role of ports in the making of major cities: self-agglomeration and hub-effect [J]. Journal of development Economics, 1996, 49(1): 93-120.

[195] Fujita M, Thisse J F, Economics of agglomeration [J]. Journal of the Japanese and international economies, 1996, 10(4): 339-378.

[196] Foster A. Games and motivation to learn science: Personal identity, applicability, relevance and meaningfulness [J]. Journal of interactive learning research, 2008, 19(4): 597-614.

[197] Forslid R, Okubo T, Sanctuary M. Trade, transboundary pollution and market size [J]. 2013.

[198] Greenhut M L, Ohta H. Vertical integration of successive oligopolists [J]. The American Economic Review, 1979, 69(1): 137-141.

[199] Glaeser E L. Learning in cities [J]. Journal of urban Economics, 1999, 46(2): 254-277.

[200] Graham J W. Missing data analysis: Making it work in the real world [J]. Annual review of psychology, 2009, 60: 549-576.

[201] Garmendia M, Ribalaygua C, Ureña J M, High speed rail: implication for cities [J]. Cities, 2012, 29: 26-31.

[202] Giannetti M, Liao G, Yu X, The brain gain of corporate boards: Evidence from China [J]. The Journal of Finance, 2015, 70(4): 1629-1682.

[203] Givoni M, Development and impact of the modern high-speed train: A review [J]. Transport reviews, 2006, 26(5): 593-611.

[204] Givoni M, Rietveld P, Do cities deserve more railway stations? The choice of a departure railway station in a multiple-station region [J]. Journal of Transport Geography, 2014(36): 89-97.

[205] Goldberg P K, Pavcnik N, Distributional effects of globalization in developing countries [J]. Journal of economic Literature, 2007, 45(1):

39-82.

[206] Graham D J. Agglomeration, productivity and transport investment [J]. Journal of transport economics and policy (JTEP), 2007, 41(3): 317-343.

[207] Greenaway D, Kneller R, Exporting, productivity and agglomeration [J]. European economic review, 2008, 52(5): 919-939.

[208] Gutiérrez J, Location, economic potential and daily accessibility: an analysis of the accessibility impact of the high-speed line Madrid-Barcelona-French border [J]. Journal of transport geography, 2001, 9(4): 229-242.

[209] Guirao B, Campa J, Casado-Sanz N, Labour mobility between cities and metropolitan integration: The role of high speed rail commuting in Spain [J]. Cities, 2018, 78: 140-154.

[210] Howard E. The Garden City [M]. Art, Architecture and Engineering Library, 1898.

[211] Hotelling H. (1929): Stability in Competition [J]. Economic Journal, 1929, 39(4): 57.

[212] Harris C D, Ullman E L, The nature of cities [J]. The Annals of the American Academy of Political and Social Science, 1945, 242(1): 7-17.

[213] Hagerstrand T. Spatial diffusion as an Innovation Process [J]. Sweden: Lund, 1953.

[214] Hansen W G, How accessibility shapes land use [J]. Journal of the American Institute of planners, 1959, 25(2): 73-76.

[215] Henderson J V. The sizes and types of cities [J]. The American Economic Review, 1974, 64(4): 640-656.

[216] Heckman J J, Robb Jr R, Alternative methods for evaluating the impact of interventions: An overview [J]. Journal of econometrics, 1985, 30(1): 239-267.

[217] Hoover E. Giarratani. An Introduction to Regional Economics [J]. 1985.

[218] Helsley R W. Knowledge and Production in the CBD [J]. Journal of Urban Economics, 1990, 28(3): 391-403.

[219] Henderson V, Kuncoro A, Turner M, Industrial development in cities [J]. Journal of political economy, 1995, 103(5): 1067-1090.

[220] Holtz-Eakin D, Schwartz A E, Spatial productivity spillovers from public infrastructure: evidence from state highways [J]. International Tax and Public Finance, 1995, 2(3): 459-468.

[221] Head K, Ries J, Increasing returns versus national product differentiation as an explanation for the pattern of US-Canada trade [J]. American Economic Review, 2001, 91(4): 858-876.

[222] Henderson J V, Understanding knowledge spillovers [J]. Regional Science and Urban Economics, 2007, 37(4): 497-508.

[223] Hall P, Magic carpets and seamless webs: opportunities and constraints for high-speed trains in Europe [J]. Built Environment, 2009, 35(1): 59-69.

[224] Healey R G, Railroads, factor channelling and increasing returns: Cleveland and the emergence of the American manufacturing belt [J]. Journal of Economic Geography, 2015, 15(3): 499-538.

[225] Illenberger J, Nagel K, Flötteröd G, The role of spatial interaction in social networks [J]. Networks and Spatial Economics, 2013, 13(3): 255-282.

[226] Isard W, Interregional and regional input-output analysis: a model of a space-economy [J]. The review of Economics and Statistics, 1951: 318-328.

[227] Isard W. Location and space-economy [J]. 1956.

[228] Ioannides Y M, Zabel J E, Interactions, neighborhood selection and housing demand [J]. Center for Economic Studies, US Census Bureau, 2002.

[229] Ito T, On the variety of Mexico's export goods [J]. Estudios Económicos (México, DF), 2015, 30(2): 183-218.

[230] Jiménez J L, Betancor O, When trains go faster than planes: the strategic reaction of airlines in Spain [J]. Transport Policy, 2012, 23: 34–41.

[231] Jiao J, Wang J, Jin F, Impacts on accessibility of China's present and future HSR network [J]. Journal of Transport Geography, 2014, 40: 123–132.

[232] Jiao S, Xia W, Yamaguchi H, et al. PARP inhibitor upregulates PD-L1 expression and enhances cancer-associated immunosuppression [J]. Clinical Cancer Research, 2017, 23(14): 3711–3720.

[233] Koenker R, Bassett J G. Regression quantiles [J]. Econometrica: Journal of the Econometric Society, 1978: 33–50.

[234] Karlqvist A. Spatial interaction theory and planning models [J]. (No Title), 1978.

[235] Krugman P R, Increasing returns, monopolistic competition, and international trade [J]. Journal of international Economics, 1979, 9(4): 469–479.

[236] Krugman P. Scale economies, product differentiation, and the pattern of trade [J]. The American Economic Review, 1980, 70(5): 950–959.

[237] Keeble D, Owens P L, Thompson C, Regional accessibility and economic potential in the European Community [J]. Regional Studies, 1982, 16(6): 419–432.

[238] Krugman P. Increasing returns and economic geography [J]. Journal of political economy, 1991, 99(3): 483–499.

[239] Krugman P, Venables A J. Globalization and the Inequality of Nations [J]. The quarterly journal of economics, 1995, 110(4): 857–880.

[240] Kolko J. Agglomeration and co-agglomeration of services industries [J]. Available at SSRN 985711, 2007.

[241] Koenig P, Mayneris F, Poncet S, Local export spillovers in France [J]. European Economic Review, 2010, 54(4): 622–641.

[242] Kim H, Sultana S, The impacts of high-speed rail extensions on

accessibility and spatial equity changes in South Korea from 2004 to 2018 [J]. Journal of Transport Geography, 2015, 45: 48-61.

[243] Lesuis P, Muller F, Nijkamp P, An interregional policy model for energy-economic-environmental interactions [J]. Regional Science and Urban Economics, 1980, 10(3): 343-370.

[244] Lucas Jr R E. On the mechanics of economic development [J]. Journal of monetary economics, 1988, 22(1): 3-42.

[245] Lösch A, Die räumliche Ordnung der Wirtschaft: eine Untersuchung über Standort [J]. Gustav Fisher, Jena, 1940.

[246] Leontief W. When should History be written backwards? [J]. The Economic History Review, 1963, 16(1): 1-8.

[247] Lerner J, Venture capitalists and the oversight of private firms [J]. The Journal of Finance, 1995, 50(1): 301-318.

[248] Ludtke S J, Baldwin P R, Chiu W, EMAN: semiautomated software for high-resolution single-particle reconstructions [J]. Journal of structural biology, 1999, 128(1): 82-97.

[249] Limao N, Venables A J, Infrastructure, geographical disadvantage, transport costs, and trade [J]. The World Bank Economic Review, 2001, 15(3): 451-479.

[250] Lucas R E, Rossi-Hansberg E. On the internal structure of cities [J]. Econometrica, 2002, 70(4): 1445-1476.

[251] Liu S, Zhu X, Accessibility analyst: an integrated GIS tool for accessibility analysis in urban transportation planning [J]. Environment and Planning B: Planning and Design, 2004, 31(1): 105-124.

[252] Loughran T, The impact of firm location on equity issuance [J]. Financial Management, 2008, 37(1): 1-21.

[253] Leunig T, Social savings [J]. Journal of Economic Surveys, 2010, 24(5): 775-800.

[254] LuisJime'nez J, Betancor O, When trains go faster than planes: The strategic reaction of airlines in Spain [J]. Transport Policy, 2012, 23:

34-41.

[255] Lin T G, Xia J C, Robinson T P, Spatial analysis of access to and accessibility surrounding train stations: a case study of accessibility for the elderly in Perth, Western Australia [J]. Journal of Transport Geography, 2014, 39: 111-120.

[256] Luck P, Global supply chains, firm scope and vertical integration: evidence from China [J]. Journal of Economic Geography, 2019, 19(1): 173-198.

[257] Moses L N, The stability of interregional trading patterns and input-output analysis [J]. The American Economic Review, 1955, 45(5): 803-826.

[258] Moses L. N, Location and the theory of production [J]. Quarterly Journal of Economics, 1958, 78, 259-272.

[259] Muth R F, Cities and housing; the spatial pattern of urban residential land use [J]. 1969.

[260] Munnell A H, Cook L M, How does public infrastructure affect regional economic performance? [J]. New England economic review, 1990, 9: 11-33.

[261] Martin P, Rogers C A, Industrial location and public infrastructure [J]. Journal of international Economics, 1995, 39(3): 335-351.

[262] Martin F, Justifying a high-speed rail project: social value vs. regional growth [J]. The Annals of Regional Science, 1997, 31(2): 155-174.

[263] McMillen D P, McDonald J F, Suburban subcenters and employment density in metropolitan Chicago [J]. Journal of Urban Economics, 1998, 43(2): 157-180.

[264] Martin P, Ottaviano G I P, Growing locations: Industry location in a model of endogenous growth [J]. European Economic Review, 1999, 43(2): 281-302.

[265] Melitz M J, The impact of trade on intra-industry reallocations and aggregate industry productivity [J]. econometrica, 2003, 71(6): 1695-

1725.

[266] Menerault P, Barré A., El Tgv Y La Reorganización De Los Transportes Ferroviarios En La Región De Nord-Pas-De-Calais [J]. Tetrahedron Letters. 2005, 18(9): 755-758.

[267] Mateus R, Ferreira J A, Carreira J, Multicriteria decision analysis (MCDA): Central Porto high-speed railway station [J]. European Journal of Operational Research, 2008, 187(1): 1-18.

[268] Mishra S, Welch T F, Jha M K, Performance indicators for public transit connectivity in multi-modal transportation networks [J]. Transportation Research Part A: Policy and Practice, 2012, 46(7): 1066-1085.

[269] Murakami J, Cervero R, High-speed rail and economic development: business agglomerations and policy implications [J]. University of California Transportation Center, 2012.

[270] Monzón A, Ortega E, López E, Efficiency and spatial equity impacts of high-speed rail extensions in urban areas [J]. Cities, 2013(30): 18-30.

[271] Mohino I, Loukaitou-Sideris A, Urena J M, Impacts of high-speed rail on metropolitan integration: An examination of London, Madrid and Paris [J]. International planning studies, 2014, 19(3-4): 306-334.

[272] Nordhaus W D, Houthakker H, Solow R, The allocation of energy resources [J]. Brookings papers on economic activity, 1973(3): 529-576.

[273] Nunn N, Puga D. Ruggedness: The blessing of bad geography in Africa [J]. Review of Economics and Statistics, 2012, 94(1): 20-36.

[274] Obstfeld M. Globalization and macroeconomics [J]. NBERReporter, (Fall), 2000: 18-23.

[275] Ottaviano G I P. Monopolistic competition, trade, and endogenous spatial fluctuations [J]. Regional science and urban economics, 2001, 31(1): 51-77.

[276] Ottaviano G, Tabuchi T, Thisse J F. Agglomeration and trade revisited [J]. International Economic Review, 2002: 409-435.

[277] Okubo T, Picard P M, Thisse J F. The spatial selection of heterogeneous firms [J]. Journal of international economics, 2010, 82(2): 230-237.

[278] Ortega E, López E, Monzón A, Territorial cohesion impacts of high-speed rail at different planning levels [J]. Journal of Transport Geography, 2012(24): 130-141.

[279] Ottaviano G I P, Peri G. Rethinking the effect of immigration on wages [J]. Journal of the European economic association, 2012, 10(1): 152-197.

[280] Romer P M. Increasing returns and long-run growth [J]. Journal of political economy, 1986, 94(5): 1002-1037.

[281] Rietveld P. Infrastructure and regional development: a survey of multiregional economic models [J]. The Annals of Regional Science, 1989(23): 255-274.

[282] Redding S J, Sturm D M, The costs of remoteness: Evidence from German division and reunification [J]. American Economic Review, 2008, 98(5): 1766-1797.

[283] Rossi-Hansberg E, Sarte P D, Owens Iii R, Firm fragmentation and urban patterns [J]. International Economic Review, 2009, 50(1): 143-186.

[284] Redding S J, Turner M A, Transportation costs and the spatial organization of economic activity [J]. Handbook of regional and urban economics, Elsevier, 2015(5): 1339-1398.

[285] Pissarides C A, McMaster I, Regional migration, wages and unemployment: empirical evidence and implications for policy [J]. Oxford economic papers, 1990, 42(4): 812-831.

[286] Petersen M A, Rajan R G, Does distance still matter? The information revolution in small business lending [J]. The journal of Finance, 2002, 57(6): 2533-2570.

[287] Porta S, Crucitti P, Latora V. The network analysis of urban streets: A

dual approach [J]. Physica A: Statistical Mechanics and its Applications, 2006, 369(2): 853-866.

[288] Patuelli R, Reggiani A, Gorman S P, Network analysis of commuting flows: A comparative static approach to German data [J]. Networks and Spatial Economics, 2007, 7(4): 315-331.

[289] Preston J, Wall G, The ex-ante and ex-post economic and social impacts of the introduction of high-speed trains in South East England [J]. Planning, Practice & Research, 2008, 23(3): 403-422.

[290] Pflüger M, Tabuchi T, The size of regions with land use for production [J]. Regional Science and Urban Economics, 2010, 40(6): 481-489.

[291] Polèse M, The resilient city: on the determinants of successful urban economies [J]. Centre-Urbanisation, culture, société, Institut national de la recherche scientifique, University of Québec, Montreal, 2010.

[292] Padeiro M, Transport infrastructures and employment growth in the Paris metropolitan margins [J]. Journal of Transport Geography, 2013(31): 44-53.

[293] Qin Y, "No county left behind?" The distributional impact of high-speed rail upgrades in China [J]. Journal of Economic Geography, 2017, 17(3): 489-520.

[294] Rietveld P, Vickerman R, Transport in regional science: The "death of distance" is premature [J]. Papers in regional science, 2004, 83(1): 229-248.

[295] Ryan C, Cave J. Structuring destination image: A qualitative approach [J]. Journal of travel research, 2005, 44(2): 143-150.

[296] Rossi-Hansberg E, Sarte P D, Owens Iii R, Firm fragmentation and urban patterns [J]. International Economic Review, 2009, 50(1): 143-186.

[297] Redding S J, Sturm D M, The costs of remoteness: Evidence from German division and reunification [J]. American Economic Review, 2008, 98(5): 1766-1797.

[298] Redding S J, Turner M A. Transportation costs and the spatial organization of economic activity [J]. Handbook of regional and urban economics, Elsevier, 2015, 5: 1339-1398.

[299] Stigler G J. The economics of information [J]. Journal of political economy, 1961, 69(3): 213-225.

[300] Smith A, Stewart D. An Inquiry into the Nature and Causes of the Wealth of Nations. Homewood, Ill: Irwin [J]. 1963.

[301] Starrett D. Market allocations of location choice in a model with free mobility [J]. Journal of Economic Theory, 1978, 17(1): 21-37.

[302] Sobel M E. Asymptotic confidence intervals for indirect effects in structural equation models [J]. Sociological methodology, 1982, 13: 290-312.

[303] Solano C H, Batten P G, Parish E A. Loneliness and patterns of self-disclosure [J]. Journal of Personality and Social Psychology, 1982, 43(3): 524.

[304] Sassen K. The polarization lidar technique for cloud research: A review and current assessment [J]. Bulletin of the American Meteorological Society, 1991, 72(12): 1848-1866.

[305] Sands B. The development effects of high-speed rail stations and implications for California [J]. Built Environment, 1993: 257-284.

[306] Sasaki K, Ohashi T, Ando A. High-speed rail transit impact on regional systems: does the Shinkansen contribute to dispersion? [J]. The annals of regional science, 1997, 31(1): 77-98.

[307] Smarzynska Javorcik B. Does foreign direct investment increase the productivity of domestic firms? In search of spillovers through backward linkages [J]. The American Economic Review, 2004, 94(3): 605-627.

[308] Storper M, Venables A J. Buzz: face-to-face contact and the urban economy [J]. Journal of economic geography, 2004, 4(4): 351-370.

[309] Syverson C. Market structure and productivity: A concrete example [J]. Journal of Political Economy, 2004, 112(6): 1181-1222.

[310] Sánchez-Mateos H S M, Givoni M, The accessibility impact of a new High-Speed Rail line in the UK—a preliminary analysis of winners and losers [J]. Journal of Transport Geography, 2012, 25: 105-114.

[311] Shaw S L, Fang Z, Lu S, Impacts of high speed rail on railroad network accessibility in China [J]. Journal of Transport Geography, 2014, 40: 112-122.

[312] Shao S, Tian Z, Yang L, High speed rail and urban service industry agglomeration: Evidence from China's Yangtze River Delta region [J]. Journal of Transport Geography, 2017, 64: 174-183.

[313] Tobler W R. A computer movie simulating urban growth in the Detroit region [J]. Economic geography, 1970, 46(1): 234-240.

[314] Taylor L D. The demand for electricity: a survey [J]. The Bell Journal of Economics, 1975: 74-110.

[315] Teece D J, Vertical Integration and vertical divestiture in the US oil industry: economic analysis and policy implications [J]. 1976.

[316] Trionfetti F. Using home-biased demand to test trade theories [J]. Review of World Economics, 2001, 137(3): 404-426.

[317] Tobler W, On the first law of geography: A reply [J]. Annals of the Association of American Geographers, 2004, 94(2): 304-310.

[318] Taylor P J, The new geography of global civil society: NGOs in the world city network [J]. Globalizations, 2004, 1(2): 265-277.

[319] Topalova P, Factor immobility and regional impacts of trade liberalization: Evidence on poverty from India [J]. American Economic Journal: Applied Economics, 2010, 2(4): 1-41.

[320] Ureña J M, Menerault P, Garmendia M. The high-speed rail challenge for big intermediate cities: A national, regional and local perspective [J]. Cities, 2009, 26(5): 266-279.

[321] Von Thünen J H, Der Isolierte Staat in Beziehung auf Landwirtschaft und National? [J]. Konomie, Hamburg, 1826.

[322] Von Thünen J H, Der isolierte Staat in Beziehung auf Nationalökonomie

und Landwirtschaft [J]. Gustav Fischer, Stuttgart (reprinted 1966), 1826.

[323] Vance J E, The Core of the City, A Pilot Study of Changing Land Use in Central Business Districts [J]. Economic Geography, 1957, 33(3): 278-280.

[324] Venables A J. Equilibrium locations of vertically linked industries [J]. International economic review, 1996: 341-359.

[325] Vickerman R, Spiekermann K, Wegener M, Accessibility and economic development in Europe [J]. Regional studies, 1999, 33(1): 1-15.

[326] Van Winden W, Van den B L, Pol P, European cities in the knowledge economy: towards a typology [J]. Urban Studies, 2007, 44(3): 525-549.

[327] Venables A J. Productivity in cities: self-selection and sorting [J]. Journal of Economic Geography, 2011, 11(2): 241-251.

[328] Vickerman R. High-speed rail and regional development: the case of intermediate stations [J]. Journal of Transport Geography, 2015, 42: 157-165.

[329] Williamson O E, The vertical integration of production: market failure considerations [J]. The American Economic Review, 1971, vol.61(2): 112-123.

[330] Wachs M, Kumagai T G, Physical accessibility as a social indicator [J]. Socio-Economic Planning Sciences, 1973, 7(5): 437-456.

[331] Williamson O E. Markets and hierarchies: analysis and antitrust implications: a study in the economics of internal organization [J]. University of Illinois at Urbana-Champaign's Academy for Entrepreneurial Leadership Historical Research Reference in Entrepreneurship, 1975.

[332] White H C, Boorman S A, Breiger R L, Social structure from multiple networks. I. Blockmodels of roles and positions [J]. American journal of sociology, 1976, 81(4): 730-780.

[333] Williamson O E. Assessing contract [J]. The Journal of Law, Economics,

and Organization, 1985, 1(1): 177-208.

[334] Willigers J, Van Wee B, High-speed rail and office location choices. A stated choice experiment for the Netherlands [J]. Journal of Transport Geography, 2011, 19(4): 745-754.

[335] Wang J J, Xu J, He J, Spatial impacts of high-speed railways in China: a total-travel-time approach [J]. Environment and planning A, 2014, 45(9).

[336] Wang F, Wei X, Liu J, et al., Impact of high-speed rail on population mobility and urbanisation: A case study on Yangtze River Delta urban agglomeration, China [J]. Transportation Research Part A: Policy and Practice, 2019, 127: 99-114.

[337] Yerra B M, Levinson D M. The emergence of hierarchy in transportation networks [J]. The Annals of Regional Science, 2005, 39(3): 541-553.

[338] Yang X, Derudder B, Taylor P J, et al. Asymmetric global network connectivities in the world city network, 2013 [J]. Cities, 2017, 60: 84-90.

[339] Yang S, Chen B, Wakeel M, PM2.5 footprint of household energy consumption [J]. Applied Energy, 2018, 227: 375-383.

[340] Yu F, Lin F, Tang Y, et al. High-speed railway to success? The effects of high-speed rail connection on regional economic development in China [J]. Journal of Regional Science, 2019, 59(4): 723-742.

[341] Zhang J, Cao X B, Du W B, Evolution of Chinese airport network [J]. Physica A: Statistical Mechanics and its Applications, 2010, 389(18): 3922-3931.

[342] Palander T, Beiträge zur standortstheorie [D]. Almqvist & Wiksell, 1935.

[343] Bouf D, Desmaris C, High speed trains and spatial equity in France [R]. HAL, 2015.

[344] Davis D R, Weinstein D E, Does economic geography matter for international specialization? [R]. National bureau of economic research,

1996.

[345] Hagemejer J, Ghodsi M. Up or down the value chain? The comparative analysis of the GVC position of the economies of the new EU member states [R]. 2016-23.

[346] Krugman P R. Increasing returns and the theory of international trade [R]. National Bureau of Economic Research, 1985.

[347] Van Geenhuizen M, Agglomeration Economies and Heterogeneity between Innovative Young Firms [R]. 45th Con-gress of the European Regional Science Association, 2005.

[348] Delaplacea M, Pagliarab F, Aguilérac A, High-speed Rail Station, Service Innovations And Temporary Office Space For Mobile Workers A Comparison France/Italy [C]. Transport Research Arena (TRA) 5th Conference: Transport Solutions from Research to Deployment. 2014.

[349] Dill J, Measuring network connectivity for bicycling and walking [C]. 83rd Annual Meeting of the Transportation Research Board, Washington, DC. 2004: 11-15.

[350] Petty S W, Political arithmetic. The economic writings of Sir William Petty. 1676: 233-313.

后　记

日月逝矣，岁不我与。当我为博士论文的出版工作画上句号之际，才忽觉自己在学术征途上跋涉了整整十年。

十年前，我怀揣着憧憬与懵懂踏入学术研究的浩瀚天地，对未来既充满期待，又有些许忐忑。

十年来，从学识的积累到思想的蜕变，从能力的磨砺到品质的升华，这是一场青春的修行，更是一段人生的锤炼。其间，我曾因毫无头绪的选题茫然失措，亦曾因接踵而至的困难痛苦彷徨，也曾因柳暗花明的知解激动无眠。一路跌跌撞撞，但追求学术的初心未曾改变，困难越多，打击越大，信念愈加坚韧，步伐愈加沉稳。学术之路上，我逐步掌握了独立解决问题的诀窍，领悟了正确面对挫折的真谛，深谙与他人合作的要义。

这一路，幸得恩师如明灯般的谆谆教导，以其渊博的智慧与丰富的经验，为我拨开重重迷雾，照亮前行的通途。亦有诸位师长、领导、同事与同门的热忱相助，如坚实的后盾，给予我在困境中永不言弃的力量源泉。更有家人不离不弃的陪伴，那丝丝温暖，如春日暖阳，于我心间注入无尽的力量，让我得以在风雨兼程中坚定地砥砺前行。

我衷心祈愿，这一研究成果能够润泽读者的心田，在相关学术领域激起积极的思想涟漪，引发广泛而深入的探讨与强烈共鸣，为学术的繁荣兴盛添砖加瓦。与此同时，我更怀揣着炽热的期许，盼望着借由这本书籍的问世，能够化作一盏明灯，为无数如曾经的我一般，在学术海洋中奋力游弋、逐梦前行的青年学者、博士生、硕士生以及本科生，照亮前行的道路，鼓舞他们怀揣梦想，奋勇攀登学术高峰，在求知若渴、砥砺奋进的学习与成长之路上，永不言弃。

展望未来的学术征程，我满心期许能与敬爱的师长、志同道合的同事、亲爱的同学并肩作战，共同投身一系列高水准的研究项目，携手铸就学术的辉煌殿堂。我将积极主动地探寻与其他领域研究者深度的合作,打破学科壁垒,于跨学科的多元交融领域中,斩获创新性的突破性成果,为学术的繁荣注入源源不断的活力与生机。我矢志将自身的研究成果精准对接现实的迫切需求,让其落地生根,开花结果,为切实攻克诸多棘手的现实难题贡献智慧与方法。

最后,我要再次诚挚地感谢所有在我学术道路上给予过支持与帮助的人。我还要特别感谢出版社的编辑老师,以专业的素养、严谨的态度和辛勤的付出,为这本书的出版保驾护航,使其得以完美呈现。

愿我们皆能在人生的漫漫征途中笃定前行,无畏风雨,勇往直前,永不言败,谱写属于自己的辉煌篇章。

孟雪辰

2024 年 12 月 23 日

于上海大学延长校区